願いは、かニャう!

ジョセフ・マーフィーの引き寄せる言葉

弥永英晃
HIDEAKI YANAGA

イースト・プレス

生きている限り、あなたには無限の可能性がある。

ジョセフ・マーフィー

はじめに

　突然ですが、あなたには叶えたい夢がありますか？ もし、あるのであれば、この本があなたの役に立つと思います。世界数千万人の成功者を輩出したジョセフ・マーフィー博士は、神学、法学、哲学、薬理学の博士号を持ち、牧師として勤める傍ら、教育家、講演家としてテレビ・ラジオに出演し、執筆活動も行いました。著書は世界各国で翻訳され、日本にもたくさんの読者がいます。彼が提唱したのは、願望実現を可能にする「潜在意識の法則」です。それは潜在意識を変えることで、富や成功、望みをすべて引き寄せるというものです。

　失恋、うつ病、働けなくなり貯金が底をつく、明日に希望を持てない…。これらはすべて過去の私自身の体験です。そんな私が、マーフィー博士の「生きている限り、あなたには無限の可能性がある」という言葉を目にし、潜在意識の法則を知ってから、人生は180度変化しました。作家オーディション合格、3冊の商業出版、大手サイトYahoo! Japanに記事掲載、著書が漫画化され、さらにテレビ出演、芸能事務所から芸能界デビューのオファーまでも引き寄せました（芸能界のほうはさすがに丁寧にお断りしました）。そして九州の大分市在住にもかかわらず、予約

がなかなか取れない人気カウンセラーとして、仕事も嘘のようにうまくいくようになったのです。これらは何ひとつ嘘偽りなく、私の身に起きた出来事です。今では、芸能人、有名人、医師から政治家まで通っていただいており、潜在意識に直接アプローチする催眠療法を用いて、クライアントの夢、恋愛、仕事、お金、健康、すべての願望実現に88％以上の良い結果を出せるようになりました。

あなたにもマーフィー博士の言葉を、かわいい猫たちの写真と一緒にお届けできる機会を得ました。「世界数千万人が効果を実感したマーフィー博士の魔法の言葉」「見るだけで癒やされる、かわいい猫の写真」「1万人以上をカウンセリングしてきた私の言葉と経験」を一緒に載せることで、多くの方に、次々に幸せが引き寄せられることを祈って、ワクワクしながら執筆させていただきました。あなたも「うれしい奇跡」を起こしましょう。

あなたの願いもきっとかニャう！

弥永 英晃

この本のユニークな使い方

　この本は、最初から順番に読んでいただく楽しみ方のほかに、以下の使い方があります。

1. 自分の好きなページから、ゆるゆると自由に読んでいただけます。

2. 潜在意識、お金、仕事、恋愛、健康、夢、それぞれ自分の気になるテーマの章から読んで、望みを引き寄せましょう。

3. 疲れていて「癒やされたい！」と思っている方へ。ひたすらに猫写真を見る。ボーッと眺めて心を休ませましょう。

4. 書物占いのような使い方。目を閉じて「今の私に必要な言葉を教えてください」と念じながら本を開きます。たまたま開いたページの言葉や写真に、今のあなたへのメッセージがあります。

　さあ、楽しみながら、ラクな気分で、ページを開いてみてください。

もくじ

はじめに 004

この本のユニークな使い方 006

第1章
人生を変える潜在意識のパワー 009

[引き寄せのヒント❶] 自己暗示——030

第2章
お金と富を引き寄せる言葉 031

[引き寄せのヒント❷] 手放す勇気——052

第3章
仕事での成功を引き寄せる言葉 053

[引き寄せのヒント❸] 瞑想——074

第4章
愛と幸せを呼び込む言葉 075

[引き寄せのヒント❹] 人とのご縁——096

第5章
健康を呼び込む言葉 097

[引き寄せのヒント❺] ありがとうノート——118

第6章
最高の人生と夢を引き寄せる言葉 119

おわりに 140

【 第1章 】

人生を変える潜在意識のパワー

第1章

あなたの思い描いた
とおりになる

引き寄せが生まれる仕組み

　マーフィー博士にはたくさんの著書がありますが、その中でくり返し何度も述べているのは、たったひとつのことです。それがゴールデンルール（黄金律）です。博士はゴールデンルールを「あなたの人生はあなたの心に思い描いたとおりになる」という宇宙の法則であると言っています。あらゆる時代に生まれてきた少数の天才たちは、その「心＝潜在意識」を活用していた人たちです。たとえば、エジソン、アインシュタイン、モーツァルト、ナポレオン、バッハといった偉人たち。彼らは自分を催眠状態にする（潜在意識に没入する）方法を自然と体得していました。その「思いどおりになる」ゾーンに入っている時に、発明や名曲を生み出しました。

　ドイツの文豪ゲーテも「何を考え、何を思うかによってあなたの人生は決定される」と言っています。これはマーフィー博士が言う「牽引の法則」に近いのです。人が何かを考えて、その想いを潜在意識に刻印すると、それがなんであれ実現してしまうというものです。24時間、何を思うかによって引き寄せることが変わり、人生も変わります。そして潜在意識を有効に活用する方法を知ることはとても必要なことなのです。なぜならば、潜在意識と離れて生活できる人など、この地球にひとりもいないからです。

ジョセフ・マーフィーの言葉
THE WORDS OF THE LAW OF ATTRACTION BY JOSEPH MURPHY

牽引の法則とは潜在意識に刻印されたことはやがてあなたのところに引き寄せられてくるという法則です。
成功者はみなこの宇宙の偉大な法則を信じてきました。
潜在意識がもたらすゴールデンルールは不変の法則であり、真理です。
あなたは真理と議論できないはずです。絶対的な法則とパワーを信じなさい。

第1章

うとうとした時が
チャンス

潜在意識は24時間働いている

　精神分析学を創始したフロイト博士は、人間には3％の顕在意識と97％の潜在意識があることを発見しています。顕在意識は私たちが考えたり自覚している意識であり、一方の潜在意識は、無意識とも呼ばれる97％もの領域です。ここにマーフィー理論の未知なる可能性があるのです。マーフィー博士は「人の中には、97％の力がまだ使われないままに眠っている」と言い切っています。その潜在意識と顕在意識の間に、私たちが願いを送り込むスキマがあるのです。

　心理学者のユングは夢分析などで有名ですが、「人と人の潜在意識は、人類共通の潜在意識という心の大海原につながっている」と説きました。人類の過去の叡智につながることのできるデータベースは、神秘的な世界にもつながっています。

　マーフィー博士が「この世では見えるものよりも見えないものの方が高い価値を持っている」と説いたのは、彼が宗教家として牧師の一面があったからではなく、この大宇宙の真理にいち早く気づき、その法則を理解して活用したからです。夜寝る前に、潜在意識にイメージを送ったり、祈ることは、願いを叶えるのにとても効果的です。

ジョセフ・マーフィーの言葉
THE WORDS OF THE LAW OF ATTRACTION BY JOSEPH MURPHY

> あなたの潜在意識を完全に信頼しなさい。潜在意識は1日24時間働いています。うつらうつらした状態の時は、顕在意識と潜在意識の間の葛藤がありません。眠りに入る前、何度もくり返して、自分の願望が叶えられたところを想像しなさい。平和に眠り、喜んで目覚めなさい。

第1章

97％の隠れた力を
引き出そう

潜在意識のすごい力

　精神医学のある実験で、心の持ち方によって肉体的能力の変化が起こることが証明されています。たとえば、火事場のバカ力という現象もそのひとつです。人は脳の3%しか使っていないと言われています。残りの97%は眠っていて、潜在能力として隠れています。家が火事になった時に、何十キロもある重いタンスを抱えて外に持ち運ぶことを可能にするのは、その潜在能力です。

　心理学者として医師やカウンセラーに催眠を教えたレスリー・M・ルクロンが、著書の中で、ジョンズ・ホプキンス医科大学で行った実験の様子を書いています。被験者の人さし指に2ポンド(約1kg)の重りをくくりつけ、メトロノームに合わせて1秒間に一度、上下運動をさせたところ、4、5分で指が疲れ持ち上げられなくなりました。その後、催眠によって「疲れない」と強い暗示を入れたところ、被験者はなんと数時間にわたって重りを上げ下げした、というのです。

　私は以前出演したTV番組で、お笑い芸人さんに「あなたの腕の筋力が増幅する」と強い催眠暗示を与え、柔らかい1本の麺のように簡単にスプーンを曲げさせました。これもその潜在能力をアップさせる応用です。催眠は人の普段眠っている潜在能力を引き出します。

ジョセフ・マーフィーの言葉
THE WORDS OF THE LAW OF ATTRACTION BY JOSEPH MURPHY

　人生で実現されるのは、あなたが潜在意識の深層で本当に信じているものだけです。

第1章

望む未来を
思い描こう

想いはイメージからはじまる

　今、私たちが使っている文明の利器——暗くなるとつける電灯や、移動するための車、船、パソコン、そして空を飛ぶ飛行機さえも、はじめは「こんなものがあったらいいな♪」「こんなことが起きたら素敵だな♪」という、人間のワクワクしたイメージからはじまりました。降りてきた直感、イメージ、夢を絵にして願望を叶えましょう。文明を作ったのが想像力であるように、イメージこそ夢を引き寄せる最大の設計図なのです。それは歴史・文化が証明している普遍的なものです。

　マーフィー博士もイメージの大切さを説いています。彼は著書の中で「心の映画法」を提唱しています。それはイメージの中で、未来の理想が描かれているスクリーンの中に入り込んで、物語を進め、目的を達成して喜んでいる感覚や気持ちになるという方法です。絵、すなわちイメージの視覚化は、「潜在意識に願望を知らせるもっとも確実な方法」であると述べています。

　さらに、アメリカの心理学の父であるウィリアム・ジェームズは「信念が支持する心の絵は、潜在意識によって実現される」と伝えています。想像力に限界はありません。宇宙の力で願いを具現化しましょう。

ジョセフ・マーフィーの言葉
THE WORDS OF THE LAW OF ATTRACTION BY JOSEPH MURPHY

空を飛びたいという願望が飛行機を作り、鹿よりも速く走りたいという願望が車を生む原動力になりました。
願望はイメージで頭の中に絵を描くことです。
あなたの願望をイメージしましょう。

第1章

言葉が幸せを作る

良い言葉を選ぼう

　私たちはつい愚痴や陰口を口にしたり、ネガティブな言葉を発してしまうことがあります。潜在意識から発した言葉は、あなたの日常に同じものを引き寄せてしまいます。そんな時は、ネガティブな言葉を「キャンセル！」「クリア！」「今のはナシにして……」と、もう一度、良い言葉を発し直しましょう。

　聖書も「はじめに言葉ありき」と伝えています。心の中の暗闇は、良い言葉で照らして明るくしましょう。世界数千万人の成功者を輩出したマーフィー博士も「『ありがとう』という言葉には奇跡を生み出すとてつもない力がある」と述べています。納税額日本一の実業家、斎藤一人さんは、天国言葉として「愛している・うれしい・楽しい・ツイてる・ありがとう」などのプラスの言葉を使うことをお話しされています。成功者がしていることには必ず意味があるのです。

　良い言葉・プラスの言葉を潜在意識に向けて何度もつぶやきましょう。願いが叶いやすくなります。

ジョセフ・マーフィーの言葉
THE WORDS OF THE LAW OF ATTRACTION BY JOSEPH MURPHY

言葉を発する時はよく注意しなさい。
一語一語の言葉があなたの潜在意識に命令を下しているのです。

第1章

くり返せば叶う

願望は絵にしていつも眺めよう

　願望を実現させるためには、潜在意識に定着させることが必要です。そのためには、簡単な文章にしたり、ビジュアル化して身近に置くことが有効です。たとえば願望が「2018年にスペインのバルセロナに旅行する」だとします。この言葉をくり返すことも大事ですが、それとともに、バルセロナの景色を思い浮かべながら、スペイン観光雑誌を買ってきて切り抜いたり、自分の行きたい場所や泊まりたいホテルの写真をコルクボードに貼って、毎日眺めてみましょう。これが願望の引き寄せを可能にします。

　その科学的根拠があります。近年、科学技術の発達により、PET(ポジトロン・エミッション・トモグラフィー)という脳内活動の変化を撮影できる機材でいろいろなことがわかってきました。実は「人がイメージしている時は、脳の中で実際に行動しているのと同じパターン・行動を再現できている」というのです。つまり、人の脳は、鮮明に描いた理想のイメージと現実の区別が付かないと証明されたのです。

　ということは、ビジュアルをくり返し見ることで、潜在意識はスペインのバルセロナに行って楽しんでいる状態・感情に同調するのです。その宇宙の共鳴現象により、引き寄せが発動します。

ジョセフ・マーフィーの言葉
THE WORDS OF THE LAW OF ATTRACTION BY JOSEPH MURPHY

潜在意識に願望を引き渡すには、くり返しが必要です。
願望をシンプルな言葉や絵にしてまとめ、それを子守唄のようにくり返しなさい。

第1章

心配事の9割は
起こらない

将来を思い悩まないこと

　私たちは将来をつい悩んでしまう生き物です。今という時間の先に将来があるのですから、今の思考が将来に対する不安のイメージの先取りをしてしまうと、その不安が現実化してしまうことがあります。思考は現実化していきます。

　心理学では「過去と相手は変えられない」と学びます。つまり言い換えれば、変えられるのは「自分と未来だけ」です。自分の思考の中で、不安を選択するのか、それとも幸せを選択するのか。それで引き寄せる未来が違ってきます。

　このような先人の言葉もあります。「心配事の9割は起こらない」。先取りするのなら、幸せ気分の先取りはいかがでしょうか？

ジョセフ・マーフィーの言葉
THE WORDS OF THE LAW OF ATTRACTION BY JOSEPH MURPHY

未来についてあれこれ心配するのはやめなさい
あなたの人生はますます不幸のどん底になります。
潜在意識のイメージの力を信じて、良い未来をイメージすることです。

第1章

素敵な人と付き合おう

周囲の人は、自分を映す鏡

　ネガティブは周囲の人にも感染していきます。自分が嫌な思いをしたら、それを周りにふりまかずに自分で止めましょう。心理学では、感情が周りに伝染していくことを「情動感染」と言います。ネガティブなことを情報発信していると、周りに集まってくる人たちは不平不満を持っている人ばかりになってしまいます。

　その反対にポジティブなことを発信している人の周りには、明るく楽しい人たちが集まってきます。人は自分の潜在意識の中に「ないもの」には惹かれないのです。ですから、良い人脈や人柄に恵まれ、豊かさや恋愛を引き寄せるためには、良い人たちと付き合うこと、あるいは出会う行動が必要になってきます。そこから良質な情報や人脈・お金・出来事などが流れてくるのです。

　良い思考を宇宙に発している人は波動共鳴で良い人たちと出会います。音叉やギターの弦を近づけると、触れてもいないのに違う弦・音叉が共鳴して鳴り出します。これを「共鳴現象」と言い、人の思考でも起こります。自分の思考のチューナーをどこに合わせるかが大切なのです。

　自分の周りにいる人のタイプが、今の自分が発している思考なのです。あなたはどんな人たちと生きていきたいですか？

ジョセフ・マーフィーの言葉
THE WORDS OF THE LAW OF ATTRACTION BY JOSEPH MURPHY

> 友だちを見なさい。人生は不思議なもので、同じような考え方、趣味、気質の人間が自然と寄り集まっています。これを「類友の法則」と言います。その人の付き合っている人を見れば、その人がわかります。

第1章

潜在意識の力を
活用しよう

人類誕生とともにある絶対的な力

　哲学者・数学者・貴族であり、アリストテレス以来の論理学者バートランド・ラッセルは近代を作った最重要事件として以下の4つを挙げています。
- アインシュタインによる相対性理論の発見
- ダーウィンによる進化論の確立
- レーニンによる社会主義国家の建設
- フロイトによる潜在意識の発見

　この中でももっとも重要で人間そのものの問題として大切なものが、潜在意識の発見です。人類が誕生してからずっと、潜在意識の働きが休むことはありません。ダーウィンは「もっとも強いものが生き残るのではなく、もっとも賢いものが生き残るのでもない。唯一生き残るのは変化できたものだけだ」と述べ、天才科学者アインシュタインは「天才と凡人の差は潜在意識の活用の差だけだ」と語りました。潜在意識を活用し、自分の心を変化させてきた人が、歴史に名前を残しているという現実があります。

　フロイト博士が発明した精神分析は、宗教に匹敵する絶大な影響力を持っています。人々ははるか古来より、神仏や精霊への祈りによって病気を克服してきました。心理学の父と言われるフロイト博士も、精神病・神経症・ヒステリー・心身症などを、潜在意識にアプローチする催眠や精神分析を使って治療しました。潜在意識のパワーを信じましょう。

ジョセフ・マーフィーの言葉
THE WORDS OF THE LAW OF ATTRACTION BY JOSEPH MURPHY

> 潜在能力、あるいは潜在意識というものは、宗教における神仏、科学者の言う法則に匹敵するほどの絶対的なものです。

第1章

本当に叶えたい
ことだけを願おう

潜在意識と取り引きはしないこと

　潜在意識には善悪の判断がなく、嘘も冗談も通じません。願ったとおりになる、という法則があります。マーフィー博士は著書の中で、アメリカの奥地に住む部族の話をしています。その部族はバナナを毒と信じ切っていました。そんな彼らに外部の人間がいたずらをしかけました。腹痛で苦しんでいる部族の男性に、薬と偽って、そうとわからないようバナナを食べさせたのです。その後男性の腹痛は治まりましたが、真実を知ったとたん、ショックで死んでしまったのです。医学的に何の疾患もない健康体だったにもかかわらずです。

　また、アメリカに住むビジネスマンの話です。彼の娘が原因不明の皮膚病になりました。この男性は、1日中、潜在意識にこのような願いをくり返しました。「私の腕の1本がなくなっても構わない、なんとか娘の皮膚病を治してください」。その数カ月後、娘の皮膚病は驚くほど回復しました。しかし病院の帰りに一家は交通事故に遭いました。奥さんと娘は無事でしたが、男性の片腕がつぶれてしまい切り落とすことになったのです。

　バナナは本来、栄養価の高い無毒な食べ物です。しかし絶対的に毒と信じ込んでいることにより、体の自律神経系が混乱を起こしショック死してしまったのです。自分の腕はどうなってもいいから娘の病を治してほしいという願いは、そっくりそのまま叶えられました。潜在意識に願いを入れる時は、冗談や嘘はやめて、本当に叶えたいことだけを真摯に願いましょう。

ジョセフ・マーフィーの言葉
THE WORDS OF THE LAW OF ATTRACTION BY JOSEPH MURPHY

潜在意識は善悪の判断をしません。願ったとおりに現実化する法則です。

引き寄せのヒント❶

自己暗示

●潜在意識の力を引き出すための有効な方法のひとつが自己暗示です。その簡単なやり方をお伝えしましょう。

❶何度も口に出して「〜になった」「〜できた」など、完了形でつぶやく。
❷お風呂やベッドで体がリラックスしている時に、❶の要領でつぶやいたり、願いが叶った自分をイメージする。
❸鏡で自分の顔を見つめながら、自分で決めた儀式〈ルーティン〉を行う。

●たとえば、イチロー選手がバッターボックスに入る時に必ずしていること(足の屈伸、バッターボックス内でバットの先端をピッチャーのいるバックスクリーン方向に向け、ユニフォームの右肩を左手でまくってバットを構える)もルーティンと言えます。
●そのルーティンを自分で設定して、それを行うと「うまくいく!」と暗示する。耳たぶをさわる、ほっぺをたたくなど、毎朝鏡に向かって行うのが効果的です。

第2章

お金と富を引き寄せる言葉

第2章

あなたは無限の富を持っている

誰でも、あり余る財産を持っている

　マーフィー博士は著書の中で「富裕権があると思いなさい」と述べています。富裕権とは、あなたには使いきれないほどのお金が銀行の中に預金されているということです。お金があると考えるだけで、心にも余裕ができるものなのです。私たちは空気が「ない」と思うことはありません。その発想自体がありませんよね？　その感覚と同じように、お金も無限に宇宙には存在するのです。

　誰でも莫大な預金を持っているのです（心の底から信じられるか？がもっとも重要です）。私は引き寄せの法則を使う中で「宇宙銀行には無限の富を引き出せる場所があり、いつでも宇宙の力と導きにより、引き出すことができる」と思うようにしていました。一時的に出費しなければならないことが起きた時は、不思議なことに、前日にまとまったお金が入り、無事に事足りた経験が何度もあります。

　もし今、あなたの通帳に残高が少なかったとしても、別の口座〈宇宙銀行〉には使いきれないほどの莫大なお金があると信じましょう。その富の源泉があなたへと流れ、必要な時にお金を引き寄せます。

ジョセフ・マーフィーの言葉
THE WORDS OF THE LAW OF ATTRACTION BY JOSEPH MURPHY

人は誰でもあり余る財産を持っています。ただそのありかを知らないだけです。あなたの潜在意識には無限の宝庫があります。あなたの必要なものを引き出しましょう。

第2章

与えるほど、豊かになる

お金と幸せは循環する

　マーフィー博士は「惜しみなく喜んで豊かな気持ちで与えなさい。そうすれば、その何倍、何十倍の富が必然的にあなたのものになるでしょう」と言っています。

　ビジネスやマーケティング・経営に興味がある方は、編集者・実業家として有名なクリス・アンダーソンの書いた全米ベストセラー『フリー〈無料〉からお金を生みだす新戦略』という本をご存知かもしれません。無料で商品や情報を与えて顧客の信用を得ることで、より多くの利益が得られるということを書いた本です。近年では、アプリも検索サイトも顧客にいろいろな機能を無料で使わせています。お試し商品の質が高いと、信頼を得て、次回の購入へとつながっていくのです。

　2人に共通しているのは、まずは自分が与えることで豊かさが戻ってくるという考えです。「与えたものが、幸せとして世の中にどのように回っていくのか」をイメージすることが大切です。クリス・アンダーソンも、マーフィー博士の叡智を表現やビジネスの世界で活用したひとりなのでしょう。マーフィー博士の教えは普遍的な叡智であり、これまでに1千万人の成功者を世に送り出してきたのです。

ジョセフ・マーフィーの言葉
THE WORDS OF THE LAW OF ATTRACTION BY JOSEPH MURPHY

富を増やすコツは、お金の独り占めの発想をやめることです。
人と協力して、人のためになることを目指す時、あなたが与えるほどますます豊かになっていくのです。

第 2 章

あなたはすでに
大富豪なのです

絶対的自信がお金を呼ぶ

　従来の学校の先生やコンサルタントは、「努力して汗水たらして働くこと、才能を見つけてお金を稼ぐこと」をすすめるでしょう。しかし、マーフィー博士はこれらの考えとは異なり、「人はあくせく働かなくても食べていけるのが正しい」、それが潜在意識が持つ権利だと言っています。

　ひとつ実例があります。アメリカの19歳の少年が、家賃滞納によってアパートから追い出されました。彼は「僕は金持ちなんです。今は実現していませんが、必ずあとでこのアパートを買いに来ますよ」と大家に言いました。彼は潜在意識を活用する方法として、すでにお金持ちになっているところをイメージして、願望が叶ったように自分自身に言い聞かせ、周囲に公言しました。そしてのちに、セールスの世界で大成功をおさめ、富豪のひとりになりました。

　オーラのようにまとった「私は金持ちです」という根拠のない絶対的自信こそ、マーフィー博士が言う「富裕感覚」です。お金持ちになる権利を持って行動することができると、SとNが引き合う磁石のように、お金がお金を呼び込みます。潜在意識がお金を引き寄せて、あなたのところに来るのです。

ジョセフ・マーフィーの言葉
THE WORDS OF THE LAW OF ATTRACTION BY JOSEPH MURPHY

> 宇宙に法則があるように、富を得るにも一定の公式があります。
> それは、「自分は豊かになる権利がある」と心の底から信じることです。
> それをできた人が富を手に入れているのです。この公式を無視してどんなに頑張っても、富を手に入れることは難しいでしょう。

第 2 章

お金と
相思相愛になろう

お金は人を幸せにするエネルギー

　世間ではよく、お金は汚いと思われることがあります。しかし、お金というのは単なる価値の尺度かつ交換の道具で、良いも悪いもありません。マーフィー博士の著書に書かれたある女性作家は、お金は汚いものと思っていて、お金のためには書かないと決めていました。そんな彼女は貧乏でした。しかしある日、博士が「お金のどこが悪いのですか。書いた原稿料としての労働の対価は正当に要求していいはずです。あなたの仕事が多くの人に価値を与えるのであれば、あなたには自動的にそれだけお金が流れ込んでくるはずです」と話しました。彼女は博士の言葉で、お金に対する自分の信念を変えました。すると、何倍もお金が入ってきました。

　私もお金に対する価値観が間違っていたころは、正当にカウンセリング料金を請求できていませんでした。しかし、カウンセリングで人を癒やし、人生を変えるお手伝いをさせていただき、相手の喜ぶエネルギーの循環としてお金を受け取ると考えたのです。お金を稼ぐことは、人に貢献し「感謝のエネルギー・幸せの対価」を得ることなのです。その結果、今では予約待ちのクライアントが全国から来る人気心理オフィスになりました。

　お金持ちの友人は、銀行で500万円ほど下ろし、そのお金を毛布替わりにして寝るくらいお金と仲良くしていました。彼はお金を愛し、お金からも愛され成功しています。お金を大切に扱い、お金を愛しましょう。

ジョセフ・マーフィーの言葉
THE WORDS OF THE LAW OF ATTRACTION BY JOSEPH MURPHY

> お金は良きものです。お金を無視したり、否定してはなりません。
> そんなことをすると手痛いシッペ返しが来るでしょう。

第 2 章

お金持ちの
マネをしよう

リッチな日常を感じてみること

　成功者のモノマネをしてみるのもいいでしょう。心理学ではモニタリングと言われます。その人の言動を自分の中に取り入れていくのです。

　マーフィー博士の言葉が脳科学的にも証明されたのは1996年。イタリアのパルマ大学のジャコーモ・リッツォラッティの研究で、ミラーニューロンの存在が明らかになりました。これは他人の行動を見て、我がことのように感じる神経細胞のことです。ミラーニューロンにより、他人の行動をマネすることが、新たな技能を習得するのではないかと言われています。

　では実際に、私たちが日常生活でできることはどんなことでしょうか。高級ホテルのリッツカールトンに1泊するお金がなくても、1杯1500円のコーヒーをホテルのロビーでゆっくりと飲んでみる。1点物の時計・バッグなどを身に着けてみる。高級車の試乗に行くなど、成功したらこうなっているだろう、ということをしていくと、潜在意識は「自分は豊かだから、こうしているんだ！」と勘違いします。お金持ちの雰囲気を肌で感じ取ることが、あなたのセルフイメージにも強烈に影響を与えます。第1章でも触れましたが、潜在意識はイメージと現実の区別が付かないのです。お金持ちの日常生活をモニタリングして、できることから試してみましょう。お金持ち脳があなたにインプットされていきます。

ジョセフ・マーフィーの言葉
THE WORDS OF THE LAW OF ATTRACTION BY JOSEPH MURPHY

今あなたが豊かではなくても、裕福であるかのごとくふるまいなさい。演技も上手にやれば、潜在意識に命令を与えます。そうすれば、それはもはや演技とは言えません。現実そのものです。

第 2 章

潜在意識を豊かさで満たそう

心の状態が富として現れる

　マーフィー博士は、「富とは心の状態です。信念、確信、情熱、自分への信頼などが、気づかないうちに健康や成功、富の達成へと変わっているのです」と説いています。つまり、自分の心の中が、鏡のように現実に反映されているという認識をすることが、マーフィー理論を理解する上で重要です。心の9割を占める潜在意識の状態が豊かさで満たされていれば、豊かさを引き寄せるのです。

　夜眠る前に、心の中で次のように唱えましょう。ポジティブな感情を持ちながらくり返してください。

　「私は宇宙の絶対的法則を理解した。潜在意識を通して私が必要とするアイデアやお金を得る方法を手に入れる。毎日より良くなって、豊かな生活が心も体も満たしてくれている。感謝のエネルギーに満ち溢れ、人生を毎日ワクワクして過ごしている」。

ジョセフ・マーフィーの言葉
THE WORDS OF THE LAW OF ATTRACTION BY JOSEPH MURPHY

あなたが貧しい心の持ち主であれば、あなたが引きつけるのは貧しさばかりになります。
あなたの内面からの声に注意しなさい。それは潜在意識から顕在意識に送られてくるメッセージなのです。
夜うとうとした時に、豊かになった言葉をくり返し潜在意識に刻印しなさい。

第 2 章

お金持ちと付き合おう

金持ちネットワークに入ってみよう

「あなたはもっとも多くの時間をともに過ごしている5人の平均である」

この言葉は米国で著名なコンサルタント、ジム・ローン氏の言葉です。これは私たちにもあてはまります。今の生活であなたが実際に会っている時間の長い人、5人をリストアップしてみてください。それはあなたの家族かもしれないし、パートナーや友人かもしれません。その人たちの年収を足して5で割った金額が、今のあなたの平均年収ということです。その金額しか稼げないという思考に染まっていることで、あなたの潜在意識にもそう刷り込まれてしまうのです。つまり潜在意識が、そのぐらいの価値観が自分には居心地が良いと判断して、付き合う人を決めているのです。

お金持ちはお金持ちと付き合っているのを知っていますか？ 起業家同士のロータリーも、高級クラブや社交界もそのようなネットワークでつながっています。それは、マーフィー博士が言うように、お金持ちはさらにお金を増やしていくからです。私たちにできるのは、以下のことです。

①金持ちになる思考をインストールする。②お金持ちがいる場所で、潜在意識に雰囲気を慣れさせる。③自分の富裕権を信じる。④時には、付き合う人を見直してみる。⑤思い切って環境を変えてみる。

できることから、やってみましょう。

ジョセフ・マーフィーの言葉

THE WORDS OF THE LAW OF ATTRACTION BY JOSEPH MURPHY

> 富は富を呼びます。豊かなものはどんとん豊かになり、貧しい人はますます貧しくなります。それは類友の法則が働くからです。自分の望ましい類友の法則が働くように心がけなさい。

第2章

「お金がない」を「キャンセル！」

ついネガティブな言葉を発してしまったら

「今月は給料日までこれだけで生活しなきゃ」「お金が全然足りない」「今月もピンチ！」「お金が稼げない！」など、自分にネガティブな言葉をかけることは、潜在意識の中に「お金がない」ということを増大・拡大して刷り込んでいるのと同じことです。富を手に入れたければ、できるだけ長い時間、ポジティブ思考をするべきというのがマーフィー博士の考え方です。

私も以前は、ネガティブな不平・不満・愚痴をつい言葉にしていました。するとどうなったかというと、うつになった挙句に、看護師として安定していた職場を辞職することになり、貯金も底をついたのです。まさにマーフィー博士の言うとおりです（私は実体験から学んだので、より強力に感じます。マーフィー博士の本を読んだことがきっかけで、現在はお金には困らない生活ができています）。

その後、私はネガティブな言葉を使ってしまった時、打ち消し法を使うようにしました。ネガティブなことを言ってしまったり、考えてしまった時、「その言葉をキャンセル！」と声に出して打ち消す方法です。そして、書き換えワードとしてポジティブな言葉を言います。この方法を習慣化すると、引き寄せるものが変わってきますので、ぜひお試しください。

ジョセフ・マーフィーの言葉
THE WORDS OF THE LAW OF ATTRACTION BY JOSEPH MURPHY

あなたが富や成功や適切な行為や昇進を肯定したら、あとでネガティブなことで消さないようにしましょう。それは酸にアルカリをまぜるようなもので、中和され不活性化してしまうでしょう。

第2章

比べないで、信じよう

他人への嫉妬は、貧乏神を呼ぶ

　人は自己欲が強い生き物です。だから、他人がいい家に住んでいたり、高級な家具や車、目に見える豊かなものを所有しているのを見ると、うらやましい、妬ましいという嫉妬の感情が生まれてきます。この感情をエネルギーに変えて頑張る方もおられます。けれど、そうして成功された方の大半は、成功した後に何かトラブルに巻き込まれ、お金を失うことが多いのです。お金でない場合は代わりに家族の不仲や病気などに現れます。その原因は、心の中に刻印された「あの人のように成功できないかもしれない」という恐れの感情があることによります。恐れの感情は潜在意識の中で増大して、自分の心身、さらには家庭をむしばんでいくのです。

　「○○さんの持っている○○が欲しい」と願うのではなく、純粋に、「私は○○を手に入れて幸せです」と感じることが大切です。嫉妬ではなく、相手を尊重する想いを送りましょう。そのためにも、まずは自分の心をしっかりと見つめなおして、ベクトルをマイナスにしないようにしましょう。

ジョセフ・マーフィーの言葉
THE WORDS OF THE LAW OF ATTRACTION BY JOSEPH MURPHY

富を阻む障害は心の奥深くにあります。他人をうらやむことは、あなたへの富の流れを阻むばかりではなく、悲劇や貧しさをひきつけることになります。

第 2 章

欲しいものは
必ず与えられる

絶対にお金持ちになると信じること

　あなたはこの本を読んで、マーフィー博士の法則を知り、潜在意識の絶対的なまでの驚異的な力に開眼したでしょうか。そうしたら、「自分は絶対に成功する」「お金持ちになる」と信念のレベルにまで高めた想いを、自分の潜在意識に日々刻印することです。

　心理学の父と言われるウィリアム・ジェームズは「もしあなたが何かしらの資産を得たいのなら、すでに自分のものにしたかのように行動せよ」と述べています。私の周りにいる成功者やお金持ちは、「自分は絶対に何が何でもお金持ちになる」と決め、日々向上心を持ち、行動している人たちばかりです。そんな人たちに、富は流れていくのです。世界の人口のたった1％の富裕層の総資産が、残りの99％の総資産を上回っているのが現実です。それは、どこまでお金持ちになる(お金持ちである)ことを信じられているのか、その結果だと思います。このことを知ってください。そして、あなたもお金持ちになりましょう。

ジョセフ・マーフィーの言葉
THE WORDS OF THE LAW OF ATTRACTION BY JOSEPH MURPHY

本当に自分の欲しいものを心に宣言しなさい。そして必ず与えられると信じなさい。そうすれば必ず与えられます。

引き寄せのヒント❷

手放す勇気

●私はロックミュージシャン・漫画家・作家になって芸術家として活躍する夢を持っていましたが、まずは人を助ける仕事を経験したいと思い看護師になりました。そこで様々な患者さんの人生に関わらせていただき、自分の中の思考や視野が広くなっていくのを感じてきました。けれど看護過程の4年間は、とても困難なものでした。病院実習が終わってから徹夜でレポートを書き、翌日にはまた実習で患者さんの看護をさせていただくという毎日が続きました。看護師は人の命を左右する仕事ですから、生半可な気持ちではできません。私は一時期、歌うこと、絵を描くことを手放しました。だから、看護師になれました。

●そして今、作家として看護師の知識や経験も使い、うつや心をラクにする本を2冊執筆しました。さらに自分が書いた原作が漫画本になり、間接的に夢を叶え続けているのです。

●自己啓発の父、ジェームズ・アレンは「もし成功を願うのならば、それ相当の自己犠牲を払わなくてはならない」と述べています。それは一流になるまでに必要な、長い時間かもしれません。あるいは、恋人を作らないで一心不乱に打ち込むことかもしれません。

●あの時、看護学生もやりながら音楽や漫画を続けていたら、私は看護師にはなれなかったでしょう。そして心理カウンセラー・作家として活躍する今の私はいなかったはずです。時には、ひとつの夢を叶えるために、ほかの夢を手放す勇気も必要なのです。

【第3章】

仕事での成功を引き寄せる言葉

第3章

上司じゃなく自分の機嫌をとろう

常に自分を幸せオーラで包もう

　マーフィー博士は、絶対に成功しない人の例として「心の中に失敗の姿を描いている限り、あなたは成功も勝利も実現しないでしょう」と言っています。これは、博士の理論であるゴールデンルール（あなたの人生はあなたの心に思い描いたとおりになるという黄金律）に沿っているからです。

　心理学では「自分自身が自分のことをどう考えているか」をセルフイメージと言います。セルフイメージが低い人は自信が持てず、人の意見に左右されます。つまり中心になる軸がなく、ブレやすい状態と言ってよいでしょう。セルフイメージを変えるには、自分の心の状態をいつも把握して、自分の機嫌どりをすることが必要です。ショッピング・温泉・ドライブ・映画を観るなど、自分の心地良いことで心を安定させ、常に心の状態を良くするのです。天才催眠療法家で医師のミルトン・エリクソンも、自分の診療所では、世界中から集めた大好きな骨董品に囲まれてカウンセリングをしていました。それで自分の機嫌どりをしていたのです。

　自分が不機嫌だと、自分も周りの家族や職場の人にも不快な思いを与えます。自分の機嫌も自分でとれずに、いつも不安定な人が、はたして出世・成功できるでしょうか？　自分の機嫌をとり幸せオーラに包まれることが、周りも自分も幸せにする方法です。

ジョセフ・マーフィーの言葉
THE WORDS OF THE LAW OF ATTRACTION BY JOSEPH MURPHY

潜在意識をいつも正しく働かせておくには、顕在意識でいつも最善を期待して、あなたも正しいと確信を持てる思考と行動をするように心がけなさい。
自分の感情をよく保ちなさい。

第3章

まず目標を決めよう

行き先は自分で決めること

　マーフィー博士は「人生の目標や計画を持つ人と、持たない人では、思考も行動も大きな差があります」と述べています。あなたの出世も昇進も、もちろん独立も、あなたが決めることができます。まずは決めることが大事です。そこから「どのように？」という方法論が生まれます。方法論は「How to」ですが、これを知って成功するためには、目標「What」、目的「Why」をはっきりさせる必要があります。目標「What」、目的「Why」は木で言えば幹であり、方法論「How to」は枝葉です。やり方だけを学んでも、目的がずれていると、方向がブレてしまいます。すると結果はなかなか出ないのです。

　まずはしっかりと、あなたが「どこに行きたいのか？　なぜそれを目指すのか？　どのようなあり方で生きていきたいのか？」この根幹・羅針盤をしっかりと定めておくことが重要です。そのあとに、方法論・やり方を学び行動することで、目的へとまっすぐ到達できるのです。

ジョセフ・マーフィーの言葉
THE WORDS OF THE LAW OF ATTRACTION BY JOSEPH MURPHY

成功したいではなく、どのようにあなたは成功したいのですか。
目標を明確にすることが重要なのです。

第3章

願いをひとつに しぼろう

仕事での成功を引き寄せる言葉

あれもこれもと欲張らない

　願いを叶えようとする時に、多くの人が勘違いしがちなのが、たくさんのことを一度に願うということです。たとえば、仕事上で「上司に気に入られたい」「来月の企画プレゼンで私の企画が採用されますように」「ボーナスが上がりますように」「職場が働きやすい環境になりますように」など。

　マーフィー博士は「真摯にひとつのことだけを信念を持って願うと叶いやすい」と言っています。たくさんの願いは、潜在意識の心のスクリーンでは、影になり、より散漫になります。つまり、ぼやけてしまうのです。成功者や起業家は、何かひとつのことに徹底的に集中して、その分野でトップになって成果を出しています。たとえばソフトバンクの孫正義さんはITの分野で活躍し続けています。イチロー選手は野球ひとすじです。今、一流と言われ成功している人たちは必ず、一点突破でひとつのことに集中して行動しているのです。

　文豪ビクトル・ユーゴーも、「多くの人は能力が不足しているのではなく、強い意志が不足しているのだ」と言っています。強い意志で、潜在意識に願望を伝えましょう。それが1本の太い信念になります。そして、実現のために何が必要か、何が必要でないかを見極め、必要なことを努力し、一途にくり返し願うことなのです。

―― ジョセフ・マーフィーの言葉 ――
THE WORDS OF THE LAW OF ATTRACTION BY JOSEPH MURPHY

ひたすら真摯にくり返し願いなさい

第3章

ひとつの願いが
大樹に育つ

連鎖する幸せの種を決めよう

　願望というのは、潜在意識に良い種をまき、夢の木を育てることに似ています。ひとつの根幹〈願望〉が地中に根っこを張り、良いイメージや祈り・言葉という養分が命の水となって潜在意識を育み、1本の太い幹になります。「仕事で成功してお金持ちになりたい」という1本の幹には、たくさんの枝葉から果実がなります。この果実が、最初の願望に付随し「毎日笑顔が絶えないやりがいのある職場」「良いパートナーとの巡り合い、幸せな家庭」「豊かさ」という実りになっていきます。これは自然界の法則でもあり、宇宙の法則でもあります。このように連鎖的に夢が叶うのです。

　そのためにも、まずはひとつの願望をブレずに叶えることが第一です。ただ、願望をひとつに絞る過程で、たくさんの叶えたい夢をリストにして、紙に書いておくこともオススメします。

ジョセフ・マーフィーの言葉
THE WORDS OF THE LAW OF ATTRACTION BY JOSEPH MURPHY

繁栄のルーツというものはたったひとつです。
ひとつを選べば、すべての実現につながるのです。

第3章

疲れても「ツイてる！」

ネガティブな言葉はミスを呼ぶ

　あなたは日ごろ、心に浮かんだ言葉をそのまま口にしていませんか？「今日もツイてない」「疲れた」など。もし、そんなふうに発しているのなら、すぐにやめてください。言葉に出したり、紙に書いたりすることは、心の中で思うよりも、より強く潜在意識に入り込んでいくのです。思っているだけなら少しのエネルギーで済みますが、声に出して言うことで、さらに大きなマイナスのエネルギーが生まれてしまうのです。マイナスな言葉はマイナスな出来事を呼び寄せます。「面倒くさい」と言葉に出すほど、さらに面倒くさくなり、やる気がなくなり、ミスも多くなるのです。

　あなたの周りに幸せそうな人はいますか？　その人の会話には、ポジティブな言葉が使われていませんか？　潜在意識は、主語を区別できないのです。そのため他人や周囲の環境に対して発した言葉も、自分に返ります。他人の悪口も言わないほうがいいのはそのためです。そのマイナスな言葉を自分の潜在意識に刻印しているのと同じことなのです。

　普段の口癖や、他人に対して自分がどんな言葉をつぶやいているのか確認してみましょう。そして常に、幸せな明るい言葉を発しましょう。仕事で多少疲れても、意識してポジティブな発言をすることで、潜在意識が活力を増していきます。

ジョセフ・マーフィーの言葉
THE WORDS OF THE LAW OF ATTRACTION BY JOSEPH MURPHY

　運が強い弱いはどこから来るのか。それは潜在意識に刻印する強弱の差以外の何物でもありません。行動することも大切ですが、それ以上に言葉が大切です。

第3章

ピンチはチャンス！

逆境を糧にしよう

　現在、さまざまな事業があり、起業している社長がたくさんいます。経営マーケティングの世界では、10個の事業を行った中で成功するのは1個と言われています。成功者は、現在の地位と名声・富を手に入れるまでに、圧倒的に行動しますが、この法則をはじめから知っているのではないでしょうか。成功する1に巡り合うまで、9はうまくいかないというビジネスの大前提を知っているからこそ、心が折れない耐性を持っているのです。

　これは経営者には必要なメンタルスキルと知識です。マーフィー博士の考えを取り入れて、良いことが起こるという大前提に沿った言動をしても、人生の中ではうまくいかないケースもあります。状況が好転しない場合、焦ってさらにマイナススパイラルに入り込みがちですが、マーフィー博士は、「うまくいかない時は溶解炉を思い出しなさい」と言います。溶解炉は高熱で鉄を溶かす装置ですが、鉄は溶解して冷却すると強い鋼になります。仕事での困難や逆境を溶解炉に見立ててみましょう。そこは自己鍛錬の場であり、精神が鋼のごとく鍛えられ強靭な信念となり、精神力、知恵、忍耐力もついて、人生のレベルアップができる場所なのです。マーフィー博士の教えは、仕事で困難や逆境に立たされている時のプラス思考の持ち方でもあるのです。

ジョセフ・マーフィーの言葉
THE WORDS OF THE LAW OF ATTRACTION BY JOSEPH MURPHY

こづかれ、責められ、打ち負かされ、苦しめられている時、人は何かを学ぶ機会を与えられている。ピンチはチャンスである。潜在意識を信じなさい。

第3章

認めて、ほめよう

自分が動くと、相手も変わる

　マーフィー博士のラジオ番組の人生相談コーナーで、こんな相談がありました。化粧品販売会社でセールスをしている管理職の女性が、部下に自分の経験に基づいて指導しても部下の成績は伸びず、自分も声を荒げて怒ってしまい途方に暮れている。どのようにすればいいか？という内容でした。博士は「部下の仕事を認めなさい。そして声に出して相手をほめなさい」と告げました。女性はその助言をすぐに実行しました。その結果、3カ月もたたないうちに、部下の売り上げが平均25％も増えました。

　この「他人から評価されたい、認めてもらいたい」という願望は、人間であれば誰でも持っている欲求です。人間の欲求を5段階で表した心理学者、アブラハム・マズローは、これを「承認の欲求」と名づけました。

　人は自分を認めてくれる人が好きなのです。あなたがもし、上司や部下との仕事の関係性で悩んでいるのなら、相手の仕事ぶりをひとつでも認めて、相手に伝わるように声に出して言ってみましょう。心の中で思っていたとしても伝わりません。口に出して相手をほめることが、結果的に、職場関係を良くし、信頼を得て、大きな成功を勝ち取ることにつながります。

ジョセフ・マーフィーの言葉
THE WORDS OF THE LAW OF ATTRACTION BY JOSEPH MURPHY

あなたの考えが建設的で調和の愛に満ちている時、無限の叡智はあなたの味方です。

他人の成功を
祝福しよう

嫉妬は自分の挫折感の現れ

「富は心の状態」であり、良い信念・イメージなどはすべて、潜在意識の中に投資している財産のようなものです。それを日々、潜在意識に入れ続けていくと、金利がつくように増え続けて、複利を生み出します。そして自分が使いたい時に富を操り、受け取ることができるようになります。

逆にもし、あなたの知人が起業してビジネスが成功した時に、「あの人がうまくいくなんて嘘に決まってる」「失敗すればいいのに……」と嫉妬や妨害をした場合、自分の商売と潜在意識に対して何ひとつ役に立たないどころか、有害になります。なぜなら、潜在意識の特徴として、送り込まれた情報は主語を理解しないからです。そのまま実現する装置なのです。他人に対しての否定であっても、ネガティブな考えを現実というあなたのスクリーンに投影してしまいます。

マーフィー博士は「怒りや憎しみ・嫉妬は心の毒です。毒にあたって苦しむのはあなた自身です」と言っています。心理学的に、他人をうらやむことの裏側には、自己に対する欠如感・コンプレックスがあります。それを相手の中に投影することで、挫折感につながり、嫉妬に変わります。

潜在意識を活用するのならば、他人の良いことは素直に祝福してあげましょう。あなたの潜在意識も癒やされて、心の状態が安定します。すると、自分を肯定することにもなり、お金が流れてきます。

ジョセフ・マーフィーの言葉
THE WORDS OF THE LAW OF ATTRACTION BY JOSEPH MURPHY

他人の繁栄を祝福できるようにすれば、あなたは確実に繁栄し始めます。

第3章

ひとつのことに
没頭しよう

成功するために必要なこと

　マーフィー博士は「成功したいのですが、どうしたらよいのかわかりません」という相談を受けることが多くありました。その中で博士は、「あなたはどれだけの時間をかけて成功する方法を考えていますか？」と相談者に問うことがありました。

　アイザック・ニュートンは重力の法則(万有引力)を発見した有名なイングランドの物理学者ですが、彼はリンゴが落ちるのを見て、なぜリンゴは落ちるのだろうか？という思考を巡らせ続け、ついに「あらゆる物にはお互いに引き合う力がある」ことを発見しました。それは瞑想中だったということです。そしてのちに、なぜ法則を発見できたのか聞かれた時に、こう答えました。「ただずっと考えていただけだ」。

　前述のマーフィー博士の問いに対して、この言葉がひとつの答えになります。一時的に燃え上がっても、結果が出ないとすぐに冷めてしまうような仕事は、本当にあなたがやりたい仕事なのでしょうか？　マーフィー博士はこのことを相談者に伝えたかったのです。どれだけ強い信念を持ち、その仕事について考え抜いていけるのか？　どれだけ強い情熱があるのか？

　成功するには、ひとつのことを貫き通す情熱と、そのために費やす時間が必要です。そしてそれは、あなたをひとつの仕事の専門家に成しえます。それがあなたの自信となり、成功を引き寄せるのです。

ジョセフ・マーフィーの言葉
THE WORDS OF THE LAW OF ATTRACTION BY JOSEPH MURPHY

ひとつのことで人に負けないエキスパートになりなさい。

第3章

見方を変えて
ポジティブに

プラスの感情を見つける思考法

　心理学には、リフレーミングという思考法があります。嫌な感情を良い感情に変えるため、枠組みを再構築する方法です。簡単に説明すると、置かれている状況や考えている内容を、自分の都合のいいようにプラス解釈する技術と言えます。ポイントは、A「他にどのような状況で役に立つのか？」、B「他にどんなプラスの意味があるのか？」このふたつの視点から見ていきます。

　たとえば、物事がまったくうまくいかなくなったと感じる時を例に挙げてみます。あなたは昨日から体調が悪く、寝不足で、イライラして仕事でミスをしてしまいました。

　A：こんなに運気が悪い時に、真剣に仕事に取り組んでいる自分の真面目さは武器だ。バイオリズムがいい時なら、最高の結果が出せるはずだ。

　B：いい加減に体が疲れているんだな。これは体からの休みなさいという愛のメッセージかもしれない。今度の休みにはゆっくりと体を休めて、また頑張ろう。

　このように視点と枠組みを変える言葉がけをしてみることで、感情が切り替わってラクになります。

ジョセフ・マーフィーの言葉
THE WORDS OF THE LAW OF ATTRACTION BY JOSEPH MURPHY

> うれしくなくてもうれしそうにふるまいなさい。
> 悲しくてもできるだけ悲しさを忘れなさい。
> 疲れていても疲れたと口に出すのはやめなさい。
> マイナスの出来事はつとめてプラスに解釈しなさい。
> これが好ましい心の状態を作り出す秘訣です。

引き寄せのヒント ❸

瞑想

◉引き寄せの法則では、本当に叶えたいものをひとつにしぼるのが原則ですが、私の願望実現セミナーやカウンセリングセッションで、願望をひとつにしぼり込むのが難しいと言われる方がいます。その場合は、瞑想が有効です。瞑想で心を整理して、心の声を聴くようにしましょう。方法はとても簡単です。

❶背筋を伸ばして座る。
❷目を閉じる。
❸ゆっくり深呼吸する。

◉これだけでいいのです。そしてリラックスした状態で、心と対話してみましょう。
◉私自身もこの方法で願望をしぼります。まず叶えたいことを紙に10個書き、次はそれを半分にしぼります。その中から今もっとも叶えたいと思うものを、瞑想を行って見つけます。心を落ち着けて、夢が叶った未来の自分からイメージを受け取るという方法です。ぜひやってみてください。

第4章 愛と幸せを呼び込む言葉

第4章

鏡の中の自分を愛そう

魅力的な自分になる方法

　マーフィー博士は著書の中で「鏡を使って運命を好転させる方法がある」と語っています。それが鏡療法というものです。やり方はいたってシンプルです。毎朝毎晩、鏡に対面して「○○○（自分の名前）、あなたって見るたびに、ますます肌がつやつやになって、本当に素敵で魅力にあふれてるよ！」というように鏡に自分を映して話しかけるだけです。この方法は潜在意識に直接、暗示が入り込み、自分の中から美人オーラが出てきます。

　私はクライアントに「なかなかいい人と巡り合わない」という恋愛のご相談を受けた時、この方法を伝えました。すると3カ月後に、素敵な彼氏ができましたとツーショットの写真を送ってくれたのです。彼女からのメールには、この鏡療法をしてから、肌がつやつやになって血流が良くなり、毎日気分も良く、暗い気分になることがなくなったと書いてありました。

　今、もし、恋人がいなくて、素敵な恋人を引き寄せたいと思っている人は、この潜在意識の活用法を行ってみてください。

ジョセフ・マーフィーの言葉
THE WORDS OF THE LAW OF ATTRACTION BY JOSEPH MURPHY

自分の評価とは自分が信じている評価になります。
そして、その評価によって魅力的な誰かがあなたに引き寄せられるのです。

第4章

会いたい気持ちに
素直になろう

会う回数が増えると好意も増える

　心理学に「ザイアンスの法則」というものがあります。単純接触効果とも言われます。簡単に言うと、人は会う回数・接触する回数が多いほど好感を抱きやすくなるというものです。これは直接会う以外に、メール・SNSメッセージ・電話などでも適応されます。好きな人がいるのであれば、会う回数を増やすことが大切になってきます。

　あなたも、はじめはなんとも思っていなかった人に、何度か会ううちに好意を抱きはじめた経験はないでしょうか？　見るたび、会うたび、連絡するたびに、知り合いが友だちになり、友だちから恋愛感情を持つようになる、ということが。会いたいと思う時は、素直に心に従っていいのです。

　ただし、注意しないといけないのは、相手が自分を嫌っている場合は、会えば会うほど嫌われてしまうということです。これは一方通行の気持ちでは成り立たない法則で、一歩間違うと迷惑行為になってしまいます。恋愛は、人対人で、感情を持つ相手がいることですので、相手の反応をきちんと観察してから行動することが大切です。

ジョセフ・マーフィーの言葉
THE WORDS OF THE LAW OF ATTRACTION BY JOSEPH MURPHY

やりたいと思うことをやっている自分を常に想像しなさい。まもなく、あなたに奇跡が起こります。

第4章

赤い糸は
信頼関係から

相手の良き理解者になる

　恋愛にとって一番大切なものは、なんでしょうか？　それは、2人の間に作り上げていく信頼関係です。この信頼関係があるカップルほど絆が強く、相手を心の底から信用して幸せな恋愛ができます。信頼を築くことは、短期間にはできません。ある程度の時間と労力を必要とします。相手のことを考えた上で、さりげない気遣いとやさしい言葉、そしてちゃんと態度として伝えること。そうすることで信頼関係が絆に変わり、2人は固くて素敵な赤い糸で結ばれるのです。相手の一番の理解者になってあげること。どんなことでも相手を知ろうと努力すること。相手を信じてあげること。認めてあげること。その姿勢や行動が大切です。

　一生をかけて一緒に人生を歩んでいくのは、お互いに支え合い、認め合える人がいいですよね。まだ出会えていない人、そのような人と出会いたい人は、まず自分の中にそんなやさしい愛情を持ち、出会った時の幸せな想いを感じて、潜在意識に伝えましょう。

ジョセフ・マーフィーの言葉
THE WORDS OF THE LAW OF ATTRACTION BY JOSEPH MURPHY

できると信じること、これほど相手を鼓舞することはない。
そのように信じるならば、相手の能力も高まります。

第 4 章

気になる部分に
長所が隠れている

相手の良いところを見つけるチャンス

　今、あなたが好きな人と交際できていたとしても、付き合ってみてはじめてわかってくることがあります。中には、生涯を共に過ごすパートナーになりたいと思っても、相性という以前に難しいケースも。たとえば、ギャンブル依存で借金をくり返す、浮気をくり返す、お金遣いが荒い、DVで暴力をふるうなど……。この先の人生を一緒に協力して生きていくことが難しいパターンの場合は、お互いの幸せのために、お別れするという選択も必要です。

　ですが、たとえば、相手が神経質すぎて部屋の汚れをいつも気にするという場合があります。このケースの場合は、相手の欠点は一度忘れて良いところを見ることで、解決することができます。「彼は几帳面すぎるけれども、そのおかげでお金の管理を堅実にしてくれるので助かる」といったように、プラス面を見てみましょう。そしてほめてあげると、相手も自分のことを信頼してくれていると感じ、パートナーのために頑張ろうと思うようになります。結婚生活でも同じです。そうやって信頼関係と愛を育んでいくことで、生涯を共に過ごす最良のパートナーになっていくのです。

ジョセフ・マーフィーの言葉
THE WORDS OF THE LAW OF ATTRACTION BY JOSEPH MURPHY

相手を良くする一番の方法は、欠点を忘れ、良い面を見ることです。

第4章

心の相性を大切に

条件だけでは満たされない

　あなたは、結婚するならば、「年収は最低1000万円以上、有名大学卒、親はお金持ち、仕事は医師か弁護士、身長は175cm以上で、外見は竹野内豊さんみたいなイケメンがいい」などと考えていませんか？　潜在意識は何を望んでも、それを実現します。しかし、あまりにもその人の外面のみを望んで引き寄せても、理想どおりの人に出会った後に、幸せを感じない場合があるのです。いったいなぜでしょうか？　それはあなたが外見や目に見えるものだけの高い条件を設定して、その人の内面に関しては何も設定していないからです。

　人間的な面に重点を置きましょう。なぜなら、本当に好きになるのは、相手の容姿や条件ではなく、精神面だからです。顔や姿は年を取ればみな衰えていきますが、内面は変わりません。より豊かに年を重ね、魅力を増していくことができるのです。

　私がカウンセリングさせていただいた方で、運命的な引き寄せをして幸せそうな人はみな、相手との精神的なつながりを重視して出会ったカップルばかりでした。一緒に時間を過ごし、同じ時間を共有する幸せを知っているのです。だからこそ、年を重ねても「仲良く一緒に年をとっていこうね」と心から言い合える夫婦ばかりだったのです。外面の理想だけを追い求めるよりも、精神面であなたの魂が望む相手を引き寄せましょう。

ジョセフ・マーフィーの言葉
THE WORDS OF THE LAW OF ATTRACTION BY JOSEPH MURPHY

幼稚な理想から脱却し、真に心から求めているものを願い求めなさい。そうすれば、本当の愛が与えられます。

第4章

エア結婚指輪に
ときめこう

願望実現を五感で感じよう

　人は眠りに入る前のリラックスした状態が、もっとも潜在意識に入り込みやすく、願望が叶いやすい時です。マーフィー博士は、その時に実行する最適な方法を教えてくれています。夜寝る前に、自分の左の薬指に結婚指輪があることをイメージし、五感で感じながら眠ることで、結婚を引き寄せるというのです。指輪の大きさ、形、リングの太さ、色、触れた時の感触はどんな感じですか？　具体的に想像してみましょう。

　博士は、潜在意識のイメージングの効果を上げる方法として、五感（視覚・聴覚・触覚・嗅覚・味覚）をストーリーに乗せてイメージすることをすすめています。潜在意識は、現実とイメージの区別ができないので、引き寄せ力が上がるのです。指輪のディテールとともに、どんな風景で、どんな相手と、どんな香りが漂う場所でそれを受け取っているのか？ 相手に触れる感覚や自分の薬指にある結婚指輪の感触など、具体的に想像してみてください。ニヤニヤしても大丈夫！ 自分の胸が高まる、ワクワクする高揚感を感じてください。その夢は、きっと本当に引き寄せられます。

ジョセフ・マーフィーの言葉
THE WORDS OF THE LAW OF ATTRACTION BY JOSEPH MURPHY

寝る前に、自分の指には結婚指輪があるのだと想像してから眠りなさい。そうすると驚くほど早く、潜在意識がそれを現実のものにしてくれます。

第4章

別れは出会いの
はじまり

感謝とともに新しい出会いへ進もう

　生涯をともに過ごす相手と巡り会うまでに、人生で何度かの恋をするでしょう。その中では、相手の心変わりによって失恋を経験することもあるかもしれません。

　人間観察で知られる作家のドストエフスキーは「人間はどんな時でも、他人にだまされるよりは自分で自分をだますことのほうが多い」と言っています。しかし、潜在意識だけはだまされることがないのです。人は自分の欠点を見つめたくない生き物です。だから、相手に非があったことにして自分を正当化し、心のバランスを取ろうとします。たとえば「私は悪くない、私を振った彼が悪いんだ」とか、「どのみちあまりいい人じゃなかったし、こっちも惰性で付き合ってたから」などと心の痛みを相手への非難にしてしまうと、主語の区別が付かない性質の潜在意識は、そのまま自分に対しての言葉として植え込みます。「自分が悪かった」「自分は惰性で付き合われていた人間」と刷り込まれてしまい、価値が下がり、余計に自信をなくします。

　そうならないように、「自分はもっと素敵な人と巡り会って幸せになれる。そのために良い経験をさせてもらった」と感謝の想いを相手に送りましょう。そして前向きに新しい恋を見つけてください。人を好きになることは、人生を豊かに彩るご褒美だと思います。

ジョセフ・マーフィーの言葉
THE WORDS OF THE LAW OF ATTRACTION BY JOSEPH MURPHY

あなたは他人に傷つけられることはありません。唯一あなたを傷つけるのは、あなたの心と精神です。

第4章

愛は心で感じよう

愛情は言葉ではなく直感で

　もし今、恋人がいても、本当にこの人は自分のことを愛してくれているだろうか？と男女ともに考えてしまうことはあるでしょう。そんな時は、言葉に頼らず、相手といるその時々の瞬間に、自分の直感からわき上がってくる心や感情で確認しましょう。相手に対しても、自分の感情が本当の愛かどうか、潜在意識はあなたにシグナルを送ってくれています。

　たとえば、ドライブの際、彼がカーナビの設定操作がわからずもたもたしている時、自分の感情が「こんなのもわからないの……イライラする！」と感じたり、食事中に「くちゃくちゃ音を出していて恥ずかしい」と感じたり。もし、ひとつでも思い当たるのならば、自分の愛情が疑わしいということになるでしょう。心から愛している時は、相手の嫌なことさえも包み込み、すべてを許して愛らしく感じるはずです。

　また、相手の愛が本物であれば、一緒にいて悲しい想いやつらい気持ちになることはなく、幸せに包まれているはずです。愛される側も、相手のどんな言葉や行為に関しても、絶対的な信頼関係の元に「愛されている」と感じることができるはずなのです。だから、今の愛が本物かどうかは、言葉ではなく心で「愛されている」と感じられるか？、一緒にいて「幸せ感」を感じているか？で判断しましょう。

ジョセフ・マーフィーの言葉
THE WORDS OF THE LAW OF ATTRACTION BY JOSEPH MURPHY

　人を愛するということは、その人の全人格の表現です。口先の愛の言葉に惑わされずに、愛の形をよく観察しなさい。あなたが本当に愛されているかどうかがわかります。

第4章

新しい相手と出会う、
心のスペースを作ろう

過去とサヨナラしよう

　新しい恋人を引き寄せたいと毎日イメージングを行っていても、あなたの潜在意識の中に、過去の恋愛のトラウマや忘れられない恋人がいる場合は、運命の人を引き寄せる流れをブロックします。

　私のカウンセリングでも、恋人の子どもを身ごもっておろすように命じられてしまい、結局、別れを切り出されてしまった女性がいました。彼女はそのトラウマから、不特定多数の方と一時的に肉体関係を持つことで、精神的なバランスを保っていました。カウンセリングでは、催眠療法の退行催眠で記憶を過去に誘導し、当時できなかった、彼にきちんと言いたいことを言うこと、生まれてこられなかった赤ちゃんと天国でお話しすることで、魂が癒やされ、過去のトラウマを解放して回復していきました。今では、素敵な方と巡り会い、ご結婚されています。

　昔の恋愛を思い出すことは誰にでもあります。それは悪いことではありません。しかし、思い出した時はその人のことを恨むのではなく、その人のとった行動を祝福してあげましょう。「その人がどこで誰を好きになっても、元気で幸せならばいい」と思えるようになれば、あなたの過去の痛みも自然と癒やされます。そうすることで、あなたが真の愛情を交わす相手と出会う、心のスペースが空いてくるのです。

ジョセフ・マーフィーの言葉
THE WORDS OF THE LAW OF ATTRACTION BY JOSEPH MURPHY

　過去のことでくよくよしてはいけません。過去はすでに死物です。大切なのは現在であり、その積み重ねの未来です。悩みの大半は過去に由来します。過去を捨て、現在と未来を見なさい。そうすれば明るい展望が開けます。

第4章

運命の人は
ゆっくりやってくる

焦らないことが良縁を呼ぶ秘訣

　婚活中の女性の中には、相手の条件(学歴・職業・容姿・収入)を探して、妥協して結婚される方がいます。それもひとつの選択肢かもしれません。ですが、ついつい焦ってしまい「ここでそろそろ結婚したほうがいいのかな」「ここで決めないと結婚できないかもしれない」と不安になってしまうことがあります。この不安な心の状態こそ、結婚に対してのマイナスな想いをどんどん引き寄せ、現実化させてしまうことになります。焦りは幸せな引き寄せを阻むブロックです。

　『星の王子さま』を書いたフランスの作家サン・テグジュペリは、「愛は見つめ合うことではなく、同じ方向を向くことだ」と言いました。結婚相手は、結婚できる条件を備えた人ではなく、愛し合える人、そして、結婚という道をお互いに支え合いながら幸せに歩んでいける人のことです。

　もし、あなたが毎日、結婚したいと焦ってしまっているのならば、思い出してください。焦りと不安をかかえた自分には、同じような相手が引き寄せられます。もう一度、自分の心に聞いてみましょう。どんな人と、どんな人生を歩みたいのか？　潜在意識に愛情いっぱいの結婚生活のイメージを送って、幸せな引き寄せをしましょう。

ジョセフ・マーフィーの言葉
THE WORDS OF THE LAW OF ATTRACTION BY JOSEPH MURPHY

私は心の中のすばらしい英知によって、すべての良きものが与えられることを信じます。

引き寄せのヒント❹

人とのご縁

●実はすべての夢は、人を介してチャンスとして訪れます。自費出版した『脱・引き寄せの法則ワークブック～引き寄せの法則難民を脱出するための7つの秘密～』(デザインエッグ社)を、当時私は、商業出版してくれる出版社を探していました。けれど、出版社が多い東京ではなく九州の大分に住んでいる私に、出版業界の人脈や知人などいるはずがありません。そんな時、本屋さんで1冊の漫画本に出合ったのです。シンクロニシティーでピンと来た本のタイトルは『催眠セラピー体験しました！』(宮咲ひろ美著・くりの丞監修／イースト・プレス刊)。カラー印刷されたわかりやすい催眠療法のコミックエッセイで、私も「こんな可愛くほのぼのとして癒やされるタッチの素敵な絵を描く先生に、漫画を描いてもらえたら……」と思っていました。宮咲先生が、猫と旦那さんとの暮らしやスピリチュアルなテーマの四コマをブログで描いていることを知り、何気なくご連絡させていただいたのが3年前です。そのご縁で漫画版として作られ、商業出版されました。

●すべての夢へ続く道は、人とつながって導かれていきます。その時に大切なのは、「この人を応援したい！」と思ってもらうこと。私も相手に対して、いつも「どうすればこの人に貢献できるだろう？　応援できるだろう？」と考えて行動しています。お互いに相手を想い合うこと、その人のつながりの根本は、感謝する心を持つことだと思っています。

【 第 5 章 】

健康を呼び込む言葉

第 5 章

「生きる喜びを体中で感じます」

祈りで自己治癒力を高めよう

　マーフィー博士は祈り（潜在意識への働きかけ）を習慣づけるように、カウンセリングや著書で説いています。祈ることで宇宙に想いが通じ、病気が治ったり、富を得たり、夢が実現することを伝えています。私たちも、人生の岐路やピンチで「神様助けてください」とお願いしたことがない人は、ひとりもいないのではないでしょうか。

　祈りの力は現在、ヒーリングの世界では科学的に証明されています。その研究は代替医療の盛んなアメリカで行われており、ハーバード大学などが研究機関を持っていたり、付属の大学病院などで、レイキなどのエネルギーヒーリングが保険適用で受けられます。祈りが心身を健康にするという統計学に基づいた研究結果も出ており、アメリカ全土の4割の医師や看護師が医療で使っているのです。あなたもぜひ、健康を呼び込むために祈りのパワーを使いましょう。

　また、「引き寄せ」の観点から見た時は、「健康です」「私は健康になっています」と断言したほうが潜在意識に届きます。中でも一番強く、潜在意識に受け入れられる言葉をお教えしましょう。「私は今、完全な健康体であり、体の60兆個の細胞が新しく入れ替わり、日々、ますますエネルギーにあふれ、生命の生きる喜びを体中で感じます。そして健康です」。この言葉で健康を強く引き寄せます。ぜひ毎日、夜寝る前に唱えてみてください。

ジョセフ・マーフィーの言葉
THE WORDS OF THE LAW OF ATTRACTION BY JOSEPH MURPHY

> 私の魂は大いなる愛で満たされている。自分に備わった無限の力に心の波長を合わせて、愛と安らぎ、幸福感に包まれ、天からの恵みが届くように祈る。

第 5 章

「心穏やかで いつも健康です」

体の不調は心のサイン

　病気は生活習慣病から慢性病になる人が多いです。その原因は、食事・運動・ストレス・遺伝子などとするのが現代医学の考え方ですが、マーフィー博士は「本人の心の状態が病気を引き寄せている」と説きます。あらゆる意味で、病気は心のゆがみがもたらすものであると言うのです。

　私も看護師として西洋医学に関わる一方、カウンセラー・催眠療法家として、心の悩みを持つ方や病気の方に関わってきました。その両方の見地から、マーフィー博士の言う潜在意識のゆがみが原因であるケースを何度も見てきました。ゆがみというのは、自分への嫌悪、他人への恨みや怒り、過去に親から受けたトラウマなどであり、それが潜在意識に溜まることで病気を発症するのです。それは体への警告として出される「もう限界だよ。無理しないで」という愛のメッセージでもあります。そんな時は無理をしないで、ストレスを解消したり、ゆっくり休息をとりましょう。

　マーフィー博士は「人の心と体は密接に関連しています。だから、健康を考えるなら両方に気を配らなければなりません。肉体的健康と精神的健康です」と言っています。「私は心が穏やかでいつも健康です」とくり返し唱え、イメージしましょう。

ジョセフ・マーフィーの言葉
THE WORDS OF THE LAW OF ATTRACTION BY JOSEPH MURPHY

　人の体は心構えひとつで良くも悪くも大きく左右されます。悪い心構えの時は、体は不調をきたすでしょう。良い心構えの時は、少しくらいの無理も平気で活力に満ち溢れているのです。

第 5 章

休ネット日を作ろう

情報過多は不健康

　私たち現代人が1日に触れる情報量は、パソコンやスマートフォンの普及により増大する一方です。江戸時代ならば、近所の情報だけで不自由なく暮らせたはずですが、たえずインターネットにアクセスできることで、世界情勢・政治・経済・ファッション・グルメ・流行曲など、世界のどこにいても把握できます。総務省が実施した日本の流通情報量の測定結果では、1日でDVD約2.9億枚分にも相当するというデータが出ました。このような膨大な情報に長時間にわたって触れることで、脳は疲労していきます。

　人間は1日に約6万回も思考しますが、この中で約90％がネガティブな思考だと言われています。職場や家庭、友人とのコミュニケーションから膨大な情報を得ることを強いられ、ネガティブなニュースにも触れることになります。そのネガティブなニュースから、思考の9割がマイナスに傾倒するという現実が、今の日本社会に暮らす私たちなのです。中には、健康関連のネガティブな情報も、自然にインプットされています。

　それが疲労として重なり、病気を誘発することもあるでしょう。時には1日オフと決めてインターネット環境から離れ、疲れた心と思考を休ませましょう。それも自分の健康を守る有効な手段のひとつです。山や川などの自然に触れて、ボーッと癒されるのもおすすめです。

ジョセフ・マーフィーの言葉
THE WORDS OF THE LAW OF ATTRACTION BY JOSEPH MURPHY

　考えは世界を支配します。あなたは、あなたがいつも考えているものになります。あなたの考えに対して健康な関心を持ちなさい。考えが健康であればそれは賢明になり、行為も賢明になるのです。

第5章

イメージで病を撃退

頭の中で勝者になるストーリーを

　今や国民の2人に1人ががんになると言われています。実はマーフィー博士も20代のころに皮膚がんを経験しています。病状が日に日に進行していく中で、博士は「今こそ潜在意識の力を試す時が来た」と、心の映画法を何度もくり返しました。それは「病気を治す正義の白血球の軍隊が血管の隅々に行き渡り、がん細胞を倒す」というイメージをする方法で、正常な皮膚になる様子を、ひとつの映画のように何度も何度も頭の中で上映したのです。その結果、博士の皮膚がんは治ってしまいました。

　放射線腫瘍医のカール・サイモントン博士は、がん患者にイメージ法を使い、がん細胞と放射線の副作用を減らすという治療を行いました。この治療を受けた患者の平均余命は約3倍、生存率は約2倍も高くなっています。

　同様の例はまだあります。臨床心理学者のパトリシア・ノリス博士は、脳腫瘍を患った9歳の少年に出会いました。彼はまだ幼く、手術をするだけの体力がありませんでした。そこで少年に脳腫瘍は敵だと教えて、ミサイルを撃ち込むイメージを持たせました。ある日、少年は「敵がいなくなっちゃった」と言いました。潜在意識の中にいた敵がミサイルですべて消えたので、それを素直にノリス博士に伝えたのです。医師はすぐにCTを撮影しました。すると完全に脳腫瘍が消えていたのです。(パトリシア・A・ノリス、ギャレット・ポーター著『自己治癒力の医学』上出洋介訳　光文社より)

ジョセフ・マーフィーの言葉
THE WORDS OF THE LAW OF ATTRACTION BY JOSEPH MURPHY

> 治療のためにどんな手段がとられるにせよ、本当に病気を治すのはその人の持つ自然治癒力であり、それを発揮させるのは潜在意識なのです。

第5章

一番の薬は笑顔

笑いで健康を引き寄せよう

　笑いと感謝、このふたつを自分のものにすることで、あなたも簡単に健康を引き寄せることができます。最近の研究で、人は毎日5000個のがん細胞ができていることが明らかになりました。「えっ怖い！」と思ったかもしれませんが、大丈夫です。実は新潟大学医学部教授で免疫学の権威である安保徹先生は、40代半ばごろになると、がんは誰にでもできたり消えたりしていると言っています。では、なぜ私たちはがんにならないのか？ それは、私たちの体の中で、免疫の力ががん細胞を消滅させているからです。その有効方法が笑いと感謝の心です。笑いには自然治癒力をつかさどるNK細胞（ナチュラル・キラー細胞）を活性化させる力があることが科学的に証明され、医療の現場でもラフターヨガ（笑いヨガ）を取り入れたり、お笑いのDVDや漫談・落語のカセットを聞くことを推奨しているところが増えはじめました。お金がかからない方法として、ネットで「おもしろ動画」や「癒やし・猫」などで検索されるのもひとつの方法です。

　最近は、実際におもしろくなくても、口角を上げておくだけで、セロトニンという幸福ホルモンが脳内で分泌され、気分が良く健康になることがわかってきました。マーフィー博士の理論は、近年、科学的にもどんどん証明されているのです。ぜひ、笑いと感謝を取り入れて、健康を引き寄せましょう。

ジョセフ・マーフィーの言葉
THE WORDS OF THE LAW OF ATTRACTION BY JOSEPH MURPHY

悲観主義・絶望的な気持ち・嫉妬・憎しみ・不平不満は病気を育て、あなたを破滅させます。いつも心を明るくしておきなさい。

第5章

生命の力を
思い出そう

生まれた時のエネルギーは輝いている

「病気を起こす力があるのならば、私たちの体の中にはそれを消す力がある」と言ったのは、マーフィー博士です。私は今まで、1万人を超えるクライアントに催眠療法を行ってきました。その中には、がんで通院中の患者さんもいましたが、催眠によるイメージと暗示を入れていくことで、あることに対しての怒りを潜在意識下に抑圧していることがわかりました。東洋医学では怒りは肝臓に現れます。その方は肝臓がんで手術後に、放射線・抗がん剤を併用しながら、メンタル面を支えるために来られていました。退行催眠でその怒りの場所に記憶を戻して、過去を癒やすと、抗がん剤の吐き気や体のだるさという副作用がなくなりました。精神的・肉体的にも安定し、その方のQOL(生活の質)が上がったのです。

催眠状態のクライアントさんの潜在意識に、いつも私が入れていた、暗示の言葉をご紹介します。「あなたのがん細胞はあなたの中から作られました。あなたの潜在意識は、自分で作り出したがん細胞の消し方を知っています。それをあなたも望んでいます。人は本来みな、健康な状態で生まれます。その生まれた時の輝かしいエネルギーの状態に戻すお手伝いをさせていただいているのです」。この言葉は、マーフィー博士の本から学ばせていただいたことが基になっています。

ジョセフ・マーフィーの言葉
THE WORDS OF THE LAW OF ATTRACTION BY JOSEPH MURPHY

人は本来、健康であるのが正常な姿です。

第5章

自分の健康に感謝

豊かで健やかなセルフイメージを

『How to Use THE LAWS OF MIND』というマーフィー博士の著書に「健康でいたいのならば、祈りとともに、次のように毎日自分に語りかけなさい」と祈りの言葉が記されています。

「私は宇宙の大いなる力・潜在意識をそなえて生を受けた存在です。その潜在意識の働きにより、私の細胞ひとつひとつは、常に完全な健康を保っています。私は常に健康であることに、心から感謝します」。

豊かで健やかな自己を思い描き、鏡に自分を映して唱えましょう。そうすることで、この言葉がより深く潜在意識に定着して、健康を引き寄せます。ぜひ、お試しください。

ジョセフ・マーフィーの言葉
THE WORDS OF THE LAW OF ATTRACTION BY JOSEPH MURPHY

「私は宇宙の大いなる力・潜在意識をそなえて生を受けた存在です。その潜在意識の働きにより、私の細胞ひとつひとつは、常に完全な健康を保っています。私は常に健康であることに、心から感謝します」
この言葉は、潜在意識に「一生、健康でいたい」という祈りと願いを届けます。そのとおりに実現させる魔法の力を持つ言葉なのです。

第 5 章

「日に日に
良くなっていく」

暗示の力で健康に

　P29で書いたバナナで人が亡くなってしまったお話や、催眠で通常は出せない力を出せるようになった例があるように、病気の時に自分を健康だと暗示することは非常に大切です。催眠療法でも暗示を入れますが、暗示で病気が良くなることも多くあります。それほど強力なのです。アメリカでは、開業している催眠療法家の多くが、催眠状態で患者にプラスの催眠暗示を入れる暗示療法で結果を出しています。

　毎日、たった5分でできる自己暗示の方法をお伝えします。薬剤師のエミール・クーエ氏が考案した方法で、彼の治療院には、がんやうつなど様々な病気の方が治療に来られましたが、この方法で93％の患者を治しました。

　やり方は簡単です。布団やベッドに入って、眠りにつく前に、次の言葉を唱えます。「毎日、私は日に日に良くなっていく」。一度唱えるごとに、指を折り曲げていきます。それを右手で5回、左手で5回の合計10回くり返します。そうすると回数を忘れず10回暗示が入ります。そして、あなたの人生が良くなっているイメージングを行います。

ジョセフ・マーフィーの言葉
THE WORDS OF THE LAW OF ATTRACTION BY JOSEPH MURPHY

あなたが今病気なら、治癒の暗示をしなさい。暗示の力は強力です。
暗示は人を病気にもしますが、また、癒やしてもくれるのです。

第5章

まずは心を
健康にしよう

否定的な感情が病気の原因になる

　マーフィー博士は「自分の心の中にある、恐怖感・コンプレックス・悩み・怒り・増悪・嫉妬といった感情が、病気や失敗、悲惨、貧困を育てることになります」と説いています。私もうつになった時は、ネガティブな気分や過去のトラウマに押しつぶされそうになりました。その想いを潜在意識の中に飼いならしていたから、ある日突然、ダムが決壊したように病気になったのです。病気になって、マーフィー博士の本に書いてあるとおりのことが、世界中の多くの人の身にも起きていることを知りました。そして実体験を通して、潜在意識に良い感情を送り、イメージや祈りや、口癖を変えることで病気が治ることも知りました。私は当時、潜在意識のトラウマを取り除き、良い暗示を入れる催眠療法を受けて回復した体験から、催眠療法家となりました。今では、医師や看護師・臨床心理士などの専門家に催眠療法を教えています。

　病気を悪くしているのは、あなたのネガティブな口癖や想いの可能性があります。否定的な想いがある時は、深呼吸してその想いを外に吐き出しましょう。そしてプラスの良いイメージを胸に吸い込みます。さらに良い言葉を発するように変えていきましょう。

ジョセフ・マーフィーの言葉
THE WORDS OF THE LAW OF ATTRACTION BY JOSEPH MURPHY

恐怖はいろいろな肉体の病気の原因になります。
心を愛と善意で満たしなさい。そうすれば、病気から解放されます。

第5章

治った姿をリアルに
思い描こう

愛する人の体にも効果あり

　信仰深い14歳の少年の母親が重い病気にかかりました。少年は、キリストが「お母さんの病気は治る」と言っているのを心静かに何度も想像しました。ここがとても重要な事柄ですが、少年は、この想像を現実と感じられるほど実際に作り上げ、絶対にこのとおりになると確信したのです。すると、医師も見放した母親の病気は治ってしまいました。

　マーフィー博士のお話では、このような潜在意識を使った、イメージを現実と同じ程度にリアルに作り上げる方法で、奇跡的に病気が快復した例がたくさんあります。少年が母親は完全に健康であると想像し、彼の潜在意識はこの想像を完全に受け入れました。そうすることで、母親に伝播したのです。第1章で説明したように、私たちは潜在意識の中で世界中の意識とつながっています。これを集合的無意識と言いますが、この層のエネルギーは人から人へと影響を与えます。

　もし、あなたの最愛の人が病気にかかったら、試してみてください。重要なのは、①あなたが潜在意識の絶対的な力を信じていること。②ありありと臨場感・現実感を感じるほどリアルなイメージで、祈る相手が治ったと実感することです。

ジョセフ・マーフィーの言葉
THE WORDS OF THE LAW OF ATTRACTION BY JOSEPH MURPHY

> あなたの愛している人が「あんなにひどかった病気がすっかり治りました」と言っているのを想像しなさい。あなたの愛する人が微笑み、良い知らせを喜び、あなたを抱擁するのを想像してごらんなさい。想像の中で感じたとおり、あなたの祈りは必ず聞き届けられるのです。

引き寄せのヒント❺

ありがとうノート

●P131にもあるように、感謝することはとても大切です。心も体も好調になり、喜びを引き寄せます。常に感謝の気持ちを持つために、感謝の気持ちをつづった「ありがとうノート」を作りましょう。

[**用意するもの**]──ノート1冊・ペン

❶ノートの冒頭に、「このノートに書いたことはすべて現実化されます」と書きます。

❷ページの真ん中に線を引いて、左と右に空間を分けます。

❸左側に、今の感謝の気持ちを書きます。

何気ない自分の周りにある感謝です。「晴れていて気持ちがいい」「メイクのノリがいい」「髪のスタイリングがばっちり」「毎日ごはんが食べられて幸せ」など。

❹右側に、願いが叶った時の感情を書きます。

これから起きてほしいことがすでに叶ったつもりで、その時の気分や感情を書きます。「〜になれたことに感謝します」「〜ができた私はワクワクで最高の気分です」「やさしくて一番に私を想ってくれる彼と出会えたことに感謝します」という感じで、箇条書きしていきます。叶った気持ちになって完了形で書くことがポイントです。

❺このありがとうノートを毎日書きます。それを夜寝る前と朝起きた時に読み返しながら、感謝の想いを宇宙に放出するイメージをしましょう。そうすると、潜在意識に落とし込まれ、願望が叶いやすくなります。私も、暇さえあればこの感謝ノートを見ていました。

【第6章】

最高の人生と夢を引き寄せる言葉

第6章

本当の望みを明確にしよう

自分の本心と向き合おう

　あなたの望みはなんですか？　まずはここに立ち返りましょう。誰かが言ったから、社会が幸せと決めたから、世間的な勝ち組だから……。それは本当にあなた自身の夢ですか？　願望を叶えるには、自分の本心と向き合う必要があります。外側からの意見に惑わされた表面的な望みでは、自分の潜在意識を願望実現に向けていくことができません。自分が何を望んでいるのか、本心を知るために、まずは望みをリストアップしてみましょう。すべてを紙に書き出して、その望みとひとつひとつ向き合ってみましょう。その望みが叶った自分の具体的なシーンを思い浮かべることができますか？　そこに幸せな自分の存在を感じられますか？

　もしかしたら、叶った時はひとりではないかもしれません。夢の応援者は、愛するパートナーかもしれないし、大事な人脈をつなげてくれる同僚かもしれません。その応援者をイメージすることも、夢を明確にし、叶えていく有効な方法です。あなたの近くに「健康を優先して体にいい手料理を作ってくれる人」「あまり細かいことは詮索しないで、家に帰っても自由に夢に取り組む時間をくれる人」「あなたの夢を自分の人脈に紹介してくれる人」そんな人がいたら、大切にしましょう。

　そうして、どうしても叶えたいと感じる願いを、ひとつずつ叶えていきましょう。

ジョセフ・マーフィーの言葉
THE WORDS OF THE LAW OF ATTRACTION BY JOSEPH MURPHY

　願望を叶えるためには大切なのは、自分が本心で何を望んでいるのかを明確にすることです。

第6章

とにかく一歩、
ふみ出そう

夢の実現には行動と努力が不可欠

　夢を叶えるためには、行動が必要です。行動がないのに結果もありません。漫画の巨匠・手塚治虫氏や映画の天才・黒澤明氏は、ものすごい努力家でした。才能にあぐらをかかず常人をはるかに超えた努力があったからこそ、名作を生み出し、その業界でナンバーワンになったのです。

　私の周りにも成功者が何人もいます。その人たちは有言実行で、陰で努力を惜しまず行動しています。歌手のBe-B（和泉容）さんもそのひとりです。上京してフリーター生活を送りながら夢である音楽活動を続け、ある時知り合った音楽プロデューサーに見いだされ歌手デビュー。そして94年に「憧夢〜風に向かって〜」で日本レコード大賞と日本ゴールドディスク大賞の新人賞という栄冠を手にしたのです。Be-Bさんとお話しすると、芸能界を生きてきた筋の通った信念を感じます。「歌は幸せの魔法の呪文」と語り、今も歌い続けている姿勢に、私はいつもパワーをもらい、勇気づけられています。

　私は若くして作家デビューできませんでしたが、書くことだけはやめませんでした。自費出版したり、物にならなくても書き続けながら、いつか商業出版できると信じて疑いませんでした。そして37歳で初めて自分の名前で本が出せました。夢を叶えるのならば、あきらめずに行動すること、努力をすることが不可欠です。その大前提を踏まえた上でマーフィー博士の理論を併用することが、夢を実現する近道なのです。

ジョセフ・マーフィーの言葉
THE WORDS OF THE LAW OF ATTRACTION BY JOSEPH MURPHY

行動は、潜在意識が目覚めた結果なのです。

第6章

今日からはじめよう

潜在意識はいつでも叶えてくれる

『abさんご』で第148回芥川賞を受賞された黒田夏子氏は、75歳で夢を叶えています。タレントの萩本欽一氏は、猛勉強の結果、73歳で駒澤大学に入学し、これまでとは違った空間で新しい学びに挑戦しています。お2人はいくつになっても新しいことにチャレンジして、夢を実現できることを証明してくれています。年齢を理由に夢をあきらめるのはもったいないです。潜在意識の中には、これからまだまだ夢を叶えられる源泉が眠っているのですから。潜在意識には時間という概念がありません。願望がいつ叶うかということは潜在意識にはわかりません。逆に、いつでも叶えられるのです。

私は親の虐待やトラウマからうつやパニック障害になった患者さんに、催眠療法の一種である年齢退行催眠(記憶を症状の原因の根本になった幼少期の場面へと巻き戻して、トラウマを解放して書き換えるテクニック)を行います。過去のトラウマを取り除くことで現時点でのうつやパニック障害が改善するのです。過去に傷ついた心がいまだに心の病として症状を出して警報しているのは、時間の概念がないからです。だから潜在意識に夢をインプットした場合は、その夢はいつでも実現するようになります。

どうぞ潜在意識の上では、年齢という制限はないことを知ってください。あなたはいつからでも、白いキャンバスに色彩豊かな絵を描けるのです。

ジョセフ・マーフィーの言葉
THE WORDS OF THE LAW OF ATTRACTION BY JOSEPH MURPHY

あなたは神様から特権を与えられています。
それはいつでも人生をリセットできるということです。

第6章

ピン！と来たら
動いてみよう

直感を信じよう

マーフィー博士の著書の中のエピソードをひとつご紹介しましょう。若い看護師が、自分が乗るつもりでいた飛行機がハイジャックされる夢を見て、旅行をキャンセルしたところ、その飛行機は実際にハイジャックにあったというのです。夢という形で、潜在意識が生命の危機のヒントを与えた実例です。

私は数字の3に縁があり、以前、カウンセリングが終了したオフィスの部屋で、ボーッと壁を眺めていました。すると自分がテレビに出てしゃべっている映像が頭に浮かんだのです。それから3日後に、テレビ局から正式な取材の電話連絡が入りました。「いつか絶対にテレビに出たい」と思っていた願望が潜在意識に伝わり、実現したのです。本を出版する時もそうでした。自分の本が並べられたらいいなと思っている書店の棚に、置かれてある場面がイメージできるようになりました。すると作家デビューでき、そのあこがれの棚に実際に本が並びました。うれしくて胸が震えました。飛び上がりそうなほどの興奮で、引き寄せの力を実感した瞬間です。

自分の中で、願望を強く持ち続けていると、ピン！とサインが来るのです。私の場合はそれがイメージの映像として感じられます。何かを見たり、聞いたりした時にピンときたら、潜在意識の導きの可能性があります。直感したら動いてみましょう。

ジョセフ・マーフィーの言葉
THE WORDS OF THE LAW OF ATTRACTION BY JOSEPH MURPHY

衝動的欲求は潜在意識があなたに送るメンタルシグナルです。
それを感じたら素直に従いましょう。

第6章

いい気分を選ぼう

ワクワク感は引き寄せの魔法

　潜在意識の力を引き出すには、いい気分でいることが大切です。マーフィー博士が説くように、願望が達成されたところをイメージすることでいい気分になり、そのワクワク感や楽しさのために動きたい気持ちになります。その時こそ、潜在意識に刻印されている時なのです。

　これを科学的に説明すると、脳内でβ(ベータ)エンドルフィンというホルモンが分泌されるからです。そして元気になり体中からパワーがみなぎるのです。実際に何かに夢中で取り組む時、ドーパミンという興奮・快楽系の脳内ホルモンも分泌されています。これはセックスなどの時にも分泌される快楽物質です。ドーパミンは人を活動的・意欲的にしてくれますが、出過ぎることで、命を縮めたり、精神疾患などになる可能性もあります。いい気分を選択していると、β(ベータ)エンドルフィンが分泌されることによって、少量のドーパミンでも20倍ほどの効果が得られるのです。

　いい気分になることを常に日常生活に取り入れると、行動ができ、夢も早く叶いやすくなります。

ジョセフ・マーフィーの言葉
THE WORDS OF THE LAW OF ATTRACTION BY JOSEPH MURPHY

達成されたシーンをイメージしなさい。幸福感がわくでしょう。
潜在意識に願望が受け渡されたのです。

第6章

「ありがとう」は
魔法の言葉

感謝はいいことだらけ

　アメリカの「感情と心臓」の関係性を研究しているスタンフォード大学の研究機関、ハートマス研究所では、人が感謝する気持ちが心身にどのような影響を与えているのかを調べました。その結果、感謝の状態は、心拍リズム・呼吸リズム・脳波が安定している「コヒーレンス」という状態を作り出すことがわかりました。たとえば、私たちが怒りや不安という感情にさらされている時は、明らかに心拍リズムが乱れ、やさしい気持ちもなくなっています。人はやさしさと怒りという相反する感情を同時に持つことはできないのです。

　逆に、感謝の気持ちを持ちコヒーレンス状態の時、私たちの体は以下のような影響を受けることが科学的に証明されています。
- 病原菌から体を守ってくれる免疫力の向上。
- 若返りホルモン(DHEA)の増加。
- 感謝の気持ちにより、ポジティブ感情が増し、心身に好影響を与える。

　このように感謝は体にとても良いのです。それに加え、引き寄せの法則により、感謝の心を持っていると感謝するような出来事を引き寄せます。いつも感謝の心を持ちましょう。

ジョセフ・マーフィーの言葉
THE WORDS OF THE LAW OF ATTRACTION BY JOSEPH MURPHY

感謝する心が宇宙の富に近いことを忘れてはいけません。
あなたの心がくつろぎ、人ともうまくいき、豊かな気持ちになった時、あなたは一番富に近いところにいます。
感謝の心を忘れ、金や名誉だけを求めている時、豊かさとは一番遠いところにいるのです。

第6章

夢のゴールは
自分で決めよう

あきらめる理由を探すのはやめよう

　私のクライアントに美容業界で成功したい人がいましたが、その人は家が貧しく美容学校に行くお金がないと言いました。それで私は「本気で行きたいのならば奨学金を借りて行きなさい。家がお金持ちでも貧乏でも、美容学校に入れば、みんな0からです。そこからどこまで本気で技術・知識を学び、勉強するかで差がつきます」と伝えました。彼女はお金を借りて学校に通い美容師になり、現在はオーナーとして美容院を経営し、成功しています。お金がないから、コネがないから、人脈がないから、成功できない、夢を叶えられないと思うのは、自分の心です。

　ベストセラー『人を動かす』を著し、人間関係の先覚者として富と名声を手に入れたデール・カーネギーは「金持ちになりたければ、貧しい家に生まれることである」と言っています。これは本人の動機づけになります。自分自身の夢の着地点は、自分で決めて良いのです。どんなにお金がなくても、夢をあきらめないでください。あきらめた時が、夢を捨てた時です。

ジョセフ・マーフィーの言葉
THE WORDS OF THE LAW OF ATTRACTION BY JOSEPH MURPHY

どんなに貧しく生まれようと、恵まれた環境に生まれようと、そのこと自体はあなたの運命に直接関わりはありません。あなたの到着する地点はあなたの思い描いたところなのです。

第6章

ブレずに叶えよう

大切なのは、強い想いと信念

　夢を引き寄せるためには、信念にまで高める強い想いが必要です。信念にまでなると、潜在意識の力を使い、未知の領域をひらいてゆきます。幸せな結婚がしたい、仕事で最高の結果を出したい、家族そろって健康で、笑いの絶えない生活をしたい、最高の人生と夢を実現したいなど、たくさんの欲しいこと、したいことがあると思います。

　マーフィー博士は「人は自動成功装置である」という言葉を残していて、このスイッチが入ると、目標に向かってひたむきに願いを叶えるという意志に宇宙の法則が働き、その願いは叶います。これは真実だと私も思っています。私が作家やテレビ出演の夢を叶えたのも、マーフィー博士の絶対的な真理を微塵も疑うことなく信じて、信念にまでしているからです。うつを治したのも、マーフィー博士の言うように、潜在意識を愛と善意で満たしたからだと確信しています。

　良い方向性を定めることは「人生の羅針盤を決めることだ」と私は思います。上へ行く向上心を持つことも大切なことです。自動成功装置は、スイッチと目標を入れると、あとは自動的に潜在意識が導いてくれます。その通りに行動するだけで、願望を達成できます。肝心なことは、強い信念を持つことです。人から何か言われたくらいでブレたりするような考えは、信念とは言いません。

ジョセフ・マーフィーの言葉
THE WORDS OF THE LAW OF ATTRACTION BY JOSEPH MURPHY

潜在意識にある信念は、人の人生から不可能という文字を消します。

第6章

叶うまでも楽しい

夢への道のりはすべてが喜び

　地球が太陽を中心に公転しているように、春夏秋冬という四季があるように、月の動きと潮の満ち引きが関係しているように、人生は宇宙の法則によりバイオリズムの中で流れています。当然、ひとつとして変化しないものなどありません。それが自然界の法則です。

　人も同じで、人生にはうまくいく時とうまくいかない時があります。受験や試験で不合格になったり、仕事で失敗したり、失恋したり、離婚したり、そんな時はさすがに心が折れて沈むこともあるでしょう。でも、成功している人もその数だけ失敗しているのです。スポーツ選手は敗北を経験することで、何倍にもなった勝利の喜びを勝ち取ります。挫折を愛する勇気を持ちましょう。受け止めることで自分と夢に向き合いましょう。

　私は1万人以上の方のカウンセリングをさせていただき、様々な人の人生を疑似体験してきました。途中でうまくいかない経験をして自分と向き合った人は器が大きくなり、しっかりと水を蓄えチャンスを生かすことができるようになります。ゲーテはこう言います。「人が旅をするのは、到着するためではなく、旅をするためである」。夢という目的地だけを目標にするよりも、その夢を叶える途中の素晴らしい風景も楽しみましょう。風景や旅自体を楽しむ気持ちが喜びを引き寄せ、自然と夢は叶います。

ジョセフ・マーフィーの言葉
THE WORDS OF THE LAW OF ATTRACTION BY JOSEPH MURPHY

人は誰でも例外なく成功の途上にあります。それを止めることは誰にもできません。望みを持ち偉大な力を信じなさい。そうすれば人生はあなたの思い描いたとおりになります。

第6章

最後は願望を手放してみよう

願いは忘れた頃にやってくる

　引き寄せの法則では、願いを宇宙に送ったら、最後は「手放しておくこと」も大切です。それはなぜでしょうか？ 子どものころ自転車に乗れなかった時は、「自転車に乗れること」が願いだったでしょう。そのころはハンドルの動かし方や、ペダルをこぐ速さなどをイメージングしていたと思います。けれど乗れるようになった今は、特に意識せずに自転車に乗っていますよね。同様に今は「乗れるようになりたい」と願望を口にすることもないでしょう。私のクライアントからも、願望実現リストに書いたことを3年ぶりに見直した時、忘れていた願いがいつのまにか叶っていた、という報告を受けたことがあります。これらはつまり「願望を手放した＝潜在意識に引き渡した」とも言えるのです。心の中で、すでに夢が叶った状態が当たり前になれば、もう夢を意識することもなくなるのは自然なことです。

　マーフィー博士は真摯に願えば叶うと説いています。それは事実です。しかし、意識しなくなっていると、潜在意識が届けた宇宙のオーダーは、必要な時に自然に叶えてくれます。潜在意識には時間という概念がありませんので、いつ願いが叶うかはわかりません。博士はまた、「願望が叶わないかもしれない」という思い込みを手放しなさいと言っています。それが夢を叶える最大の近道なのです。その思い込みのブロックを捨て去り、願いを忘れるくらいに、叶った自分になりきりましょう。

ジョセフ・マーフィーの言葉
THE WORDS OF THE LAW OF ATTRACTION BY JOSEPH MURPHY

願望を叶えるためには、「願望が叶わないかもしれない」という想いを手放しなさい。

お わ り に

　最後まで読んでいただき、本当にありがとうございます。読んでくださった方が心の底から元気になり、希望がわき夢が叶う、そんな本にしたいと思い書きはじめました。
　私が尊敬する精神科医のヴィクトール・フランクルは、ナチスのアウシュヴィッツ強制収容所で生き残るという壮絶な体験をしながらも、「人間は愛を通して、そして愛の中で救済される」という言葉を残しました。これは私がカウンセリングや執筆の際に大切にしている言葉です。この本にも精一杯の愛情を込めました。
　人は時に、人生に悩み傷つき、どん底を経験します。「はじめに」でも少し書きましたが、私自身もうつ病になって看護師として働けなくなり、貯金も底をついた経験があります。そんな時に、「潜在意識と引き寄せの法則」を学ばせていただいたのが、ジョセフ・マーフィー博士の1冊の本でした。マーフィ博士は言います。
「あなたの人生がどのような人生かは、あなたが考えている思考の結果である」
「人がその心で考えること、それがその人である」
「あなたの心に良い種をまけば、良い作物ができる」と。
　この本で、あなたの心が癒やされ、明日から自分を変えていくきっかけのひとつになれば、うれしく思います。

最後になりましたが、執筆中もやさしい言葉をかけていただき素敵な本にしていただいたイースト・プレス担当編集者の齋藤和佳さん、かわいい愛猫写真を提供してくださった漫画家の宮咲ひろ美先生(私の著書を漫画化した『まんがでわかる 脱・引き寄せの法則〜本当に「引き寄せる」ために』[イースト・プレス]を描いてくださった方です)のお2人に心から感謝したいと思います。この本は、私の作家人生で、かけがえのない大切な1冊となりました。猫も犬も動物全般が大好きで、愛情を育み大切に飼ってきた私が、いつか書きたかった猫本なのです。この本も引き寄せて、タイトルどおり「願いを叶えた1冊」になりました。私の本は愛の祈りです。あなたに伝わるとうれしいです。

　最後に、私がつらい時、人生が変わるきっかけとなったマーフィー博士の言葉を皆さんにおくります。

人間は、二度生まれる。
一度目は母親の胎内から。
二度目は潜在意識の存在に目覚めた時に。

弥永　英晃

弥永英晃
やなが・ひであき

カウンセリング学博士・看護師・作家
潜在意識メンタルコーチ・スピリチュアルコーチ
心理オフィス　インナーボイス院長

福岡県出身・大分県大分市在住。医療・心理カウンセリング歴17年、臨床経験は1万人以上。日本全国からクライアントが殺到し、予約が取れないことで有名な人気カウンセラー。有名芸能人・政財界・医師・弁護士などのセレブが開運するとお忍びで通う。ジョセフ・マーフィー博士の『眠りながら成功する』を読み、潜在意識と引き寄せを学び、自身で実験。自身のうつも潜在意識が原因であることに気づき、潜在意識を使い克服。自費出版した『脱・引き寄せの法則ワークブック～引き寄せの法則難民を脱出するための7つの秘密～』がAmazonベストセラーランキング1位になる。これが漫画化されるなど作家としても夢を叶え、幸せの引き寄せを起こす。メディア関係では、テレビ朝日系「JOKER DX」にTV出演・雑誌・新聞・Yahoo! Japan等で取り上げられ話題になる。心理カウンセラーの後進を育てながら、心がラクになる・引き寄せの本を執筆している。

【著書】
- 『薬に頼らずラクになる　やさしいうつの治しかた』(パブラボ)
- 『もうダメだと心が折れそうになったとき　1分でラクになる心の薬箱』(青月社)

【共著書】
- 『脱・引き寄せの法則ワークブック～引き寄せの法則難民を脱出するための7つの秘密～』(デザインエッグ社)

【監修書】
- 『まんがでわかる脱・引き寄せの法則　本当に「引き寄せる」ために』(イースト・プレス)

【参考文献】

本書は以下の本を参考にさせていただきました。(順不同)

- 『眠りながら成功する──自己暗示と潜在意識の活用』ジョセフ・マーフィー著｜大島淳一訳｜産業能率大学出版部
- 『人生は思うように変えられる』ジョセフ・マーフィー著｜太刀川三千夫訳｜産業能率大学出版部
- 『あなたも金持になれる』ジョセフ・マーフィー著｜和田次郎訳｜産業能率大学出版部
- 『あなたも幸せになれる』ジョセフ・マーフィー著｜桑名一央訳｜産業能率大学出版部
- 『あなたの人生を豊かにする』ジョセフ・マーフィー著｜桑名一央訳｜産業能率大学出版部
- 『マーフィー名言集 あなたを成功へ導く568のことば』しまずこういち編著｜産業能率大学出版部
- 『続・マーフィー名言集 あなたを成功へ導く398のことば』しまずこういち編著｜産業能率大学出版部
- 『マーフィーの黄金律』しまずこういち編著｜産業能率大学出版部
- 『ジョセフ・マーフィー 心を強くする41の言葉 運命の支配者になるために』倉林秀光著｜すばる舎
- 『自己治癒力の医学 実録・イメージ療法の勝利』P・ノリス、G・ポーター共著｜平松園枝監修｜上出洋介訳｜光文社
- 『催眠のすべて』L・M・ルクロン著｜生月誠訳｜講談社現代新書
- 『自己暗示』C・H・ブルックス、エミール・クーエ共著｜河野徹訳｜法政大学出版局
- 『脱・引き寄せの法則ワークブック～引き寄せの法則難民を脱出するための7つの秘密～』河野桃子、弥永英晃共著｜デザインエッグ社
- 『まんがでわかる脱・引き寄せの法則 本当に「引き寄せる」ために』宮咲ひろ美著｜弥永英晃、河野桃子監修｜イースト・プレス
- 『薬に頼らずラクになる やさしいうつの治しかた』弥永英晃著｜パブラボ
- 『もうダメだと心が折れそうなとき 1分でラクになる心の薬箱』弥永英晃著｜青月社

【写真提供】

Shutterstock.com
カバー──©Image Source /amanaimages
046, 100, 134──©Hiromi Miyasaki

願いは、かニャう!
ジョセフ・マーフィーの引き寄せる言葉

2016年8月13日　第1刷発行

著者
弥永英晃(やながひであき)
装丁
小沼宏之
本文DTP
小林寛子
編集
齋藤和佳
発行人
堅田浩二
発行所
株式会社イースト・プレス
〒101-0051
東京都千代田区神田神保町2-4-7
久月神田ビル8F
TEL03-5213-4700　FAX03-5213-4701
http://www.eastpress.co.jp/
印刷所
中央精版印刷株式会社

ISBN978-4-7816-1457-1 C0095
©Hideaki Yanaga 2016
Printed in Japan

本書の内容の一部あるいはすべてを無断で
複写・複製・転載・配信することを禁じます。